令和6年度

政省令対応版

すぐわかる
よくわかる！

税制改正のポイント

税理士 今仲　清
税理士 坪多 晶子
税理士 畑中 孝介
税理士 島村　仁

TKC出版

はじめに

3年間にわたったコロナ禍が人々の考え方を変え国際的な経済構造の転換を加速させた一方、ウクライナ侵攻や中東情勢の緊迫化などにより世界が分断され混沌としています。こうした国際社会の情勢下において、政府は長年続いたデフレ脱却・構造転換を最優先課題とし、これらに対応する税制面での取組みに加えて、人口減少、経済のグローバル化など、ステージ毎の問題解決を具現化することを目指し、令和6年度税制改正が行われました。

まず、所得税・住民税の定額減税により、納税者（合計所得金額1,805万円超、給与収入のみの場合2,000万円超の高額所得者は対象外）および控除対象配偶者、扶養親族一人につき、令和6年分の所得税3万円、住民税1万円の減税が行われ、令和6年6月以降の源泉徴収等から速やかに実施されます。

次に、賃金上昇の動きをより多くの国民に拡げて効果を深めるために、雇用者給与等支給額増加税額控除制度、いわゆる賃上げ税制が改正されました。改正の内容としては、中堅企業枠が創設され、さらに女性活躍推進・子育て支援の取組みに対して税額控除率が引き上げられています。中堅企業への成長を後押しする税制も組み合わせることにより、賃金が物価を上回る構造を実現し、国民がデフレ脱却のメリットを実感できる環境を作ろうとしています。

また、世界の構造変化に対応するために、戦略分野国内生産促進税制やイノベーションボックス税制を創設し、企業や個人が能力を発揮できる社会の実現を目指すとともに、スタートアップ・エコシステムやストックオプション税制の年間行使額の上限引上げ、中小企業事業再編投資損失準備金制度の大幅拡充など、ステージ毎に税制上の支援措置を講じています。

加えて、次元の異なる少子化対策として、税制においても児童手当と扶養控除を合わせて、全ての子育て世帯に対する実質的な支援が拡充されます。なお、国際課税制度の見直しに係る国際合意に沿って、企業間の公平な競争環境の整備に資するグローバル・ミニマム課税について順次法制化が進められます。さらに地方税においても税制の安定収入を図り、租税回避への対応をするために、減資等による外形標準課税逃れ等を防止する改正も行われています。

そのほか、カーボンニュートラルを実現するための省エネ化を推進するために、住宅取得等資金贈与の上乗せ枠の要件が省エネ基準からZEH水準に引き上げられた上で延長されました。なお、新築等の住宅ローン控除は省エネ基準以上の取得でしか適用を受けられないこととなっていますが、子育て世帯等による住宅取得や改築等については税額控除による支援措置が拡大されています。

このように令和6年度税制改正においては、デフレ脱却（賃上げ税制・定額減税）、構造変革、カーボンニュートラル、女性活躍推進、子育て支援等に注力した改正が行われており、わが国のこれからの方向性が明確になった改正であるといえるでしょう。

本書は、税制改正大綱や本法改正だけではなく、令和6年3月30日に公布された政省令の内容も盛り込んで、条文番号を記載し詳細に説明しており、すぐに実務に活用できる内容としております。本書が読者の方々の発展と明るい未来設計のための意思決定、そして変革する流れにおける大切な方々への支援をするためのお役に立てば、著者一同これ以上の幸せはございません。

最後になりましたが、本書の執筆にあたり、一緒に条文・施行令・施行規則を解読していただきました、税理士の飯田修次先生、宇野元浩先生およびＴＫＣ出版の蒔田鉄兵氏、税所朋之氏の各位に厚く御礼申し上げます。

令和6年5月吉日

税理士　今仲　清
税理士　坪多　晶子
税理士　畑中　孝介
税理士　島村　仁

本書の特長と活用の仕方

本書は、政省令（令和6年3月30日公布）の内容を盛り込んだ税制改正の書籍として最速で発行されています。

改正内容について、改正前のそれぞれの規定の概要を確認しつつ、どこが、なぜ、どのように変わったのかを図表をふんだんに活用して分かりやすく解説しています。

したがって、会社の経理担当者や会計事務所の若手巡回監査担当者にも理解しやすく、また、ベテランの経理担当者や会計事務所担当者はもちろん、税理士、公認会計士の方々が実務で活用する場合にも十分役に立つことと思います。

CONTENTS

第1章 法人税の改正

第2章 国際課税の改正

第3章 消費税・印紙税の改正

第 4 章　所得税の改正

第 5 章　金融税制の改正

第 6 章　公益法人・公益信託等の改正

第 7 章　相続税・贈与税の改正

第 8 章　土地・住宅税制の改正

本書における、法令等の略称は以下の通りです。

・法人税法……法法
・法人税法施行令……法令
・法人税法施行令附則……法令附
・法人税法施行規則……法規
・所得税法……所法
・所得税法施行令……所令
・所得税法施行規則……所規
・相続税法……相法
・相続税法施行令……相令
・消費税法……消法
・消費税法施行令……消令
・消費税法施行令附則……消令附
・租税特別措置法……措法
・租税特別措置法施行令……措令
・租税特別措置法施行令附則……措令附
・租税特別措置法施行規則……措規
・租税特別措置法施行規則附則……措規附
・地方税法……地法
・地方税法附則……地法附
・地方税法施行令……地令
・地方税法施行令附則……地令附
・地方税法施行規則……地規
・国税通則法……国通法
・国税徴収法……国徴法
・国税徴収法施行令……国徴令
・国税徴収法施行令附則……国徴令附
・国外送金等調書法……国外送
・租税条約等の実施に伴う所得税法、法人税法及び地方税法の特例等に関する法律……実特法
・所得税法等の一部を改正する法律（令和6年法律第8号）附則……附則
・所得税法等の一部を改正する法律（平成28年法律第15号）附則……28改正法附

第1章

法人税の改正

法人税制の改正では、コロナ後の「新しい世界」の中で、デフレ脱却・構造転換のチャンスとして賃金上昇の実現を最大のテーマとして掲げ、雇用者給与等支給額増加税額控除制度、いわゆる賃上げ促進税制が改正され、控除率が大幅に拡充されています。

また、世界の構造変化に対応するための「戦略分野国内生産促進税制」「イノベーションボックス税制」の創設や、オープンイノベーション促進税制の延長などのスタートアップに関連する改正も行われています。

さらに、賃上げ促進税制に中堅企業枠が創設されるとともに、中小企業事業再編投資損失準備金制度の大幅拡充が行われるなど中堅企業の生産性向上促進に向けた税制改正も行われているのも特徴的です。

一方で、租税回避への対応として、外形標準課税逃れのための減資などに一定の制限が加わっています。

1 雇用者給与等支給額増加税額控除制度の改正

POINT!

- ■子育てとの両立支援・女性活躍支援の上乗せ措置が創設
- ■最大税額控除率は中小法人45%、大法人35%に拡大
- ■中堅企業向けの措置が新設
- ■中小企業者等は５年間の繰越控除制度が新設

措法10の5の4、27の12の5、42の12の5、措令5の6の4、27の12の5、措規5の12、20の10

解説

個人の所得を増加させる目的で、従業員に対する給与・賞与を増加させた場合に税額控除を受けられる雇用者給与等支給額増加税額控除制度が改正され、大幅に拡充されます。

改正前の制度では、教育訓練費の増加要件については「増加率」のみで判定され、「増加額」は考慮外とされていることから、わずかな教育訓練費の増加でも上乗せ措置の適用を受けることができました。

改正後は、教育訓練費の額が雇用者給与等支給額に占める割合についても適用要件として考慮することとされました。一方で、増加割合要件は緩和されています。

また、子育てとの両立支援・女性活躍支援の条件を満たした場合の上乗せ措置が新たに受けられるようになったため、最大税額控除率は中小企業者等では40%→45%に、大法人では30%→35%にそれぞれ拡大されています。

全法人共通

(1)対象法人

青色申告法人が対象です。

(2) 国内雇用者

法人の使用人(法人の役員およびその役員の特殊関係者等※を除く)のうち、法人の有する国内の事業所に勤務する雇用者をいいます。継続雇用制度の対象者は除かれています。

※除かれる特殊関係者(措令27の12の5)
① 役員の親族
② 役員と婚姻の届出をしていないが、事実上婚姻関係と同様の事情にある者
③ ①、②以外で役員から生計の支援を受けている者
④ ②、③の者と生計を一にするこれらの者の親族

(3) 雇用者給与等支給額

各事業年度の所得の計算上、損金の額に算入される国内雇用者に対する給与等の支給額をいいます(パート・アルバイトに対する給与・決算賞与を含み、退職金は含まない)。

(4) 比較雇用者給与等支給額

前期の雇用者給与等支給額をいいます。

(5) 控除対象雇用者給与等支給増加額

雇用者給与等支給額から比較雇用者給与等支給額を控除した金額をいい、その金額が「調整雇用者給与等支給増加額(次のイおよびロのうちいずれか少ない金額をいう)」を超える場合には「調整雇用者給与等支給増加額」を上限とします。

イ　給与等に充てるため他の者から支払いを受ける金額のうち雇用安定助成金額を給与等の支給額から控除しないで計算した場合における雇用者給与等支給額からその比較雇用者給与等支給額を控除した金額

ロ　給与等に充てるため他の者から支払いを受ける金額のうち雇用安定助成金額を給与等の支給額から控除して計算した場合における雇用者給与等支給額からその比較雇用者給与等支給額を控除した金額

(6)教育訓練費

国内雇用者の職務に必要な技術または知識を習得させ、または向上させるための費用で次のものをいい、「比較教育訓練費の額」とは、前期の教育訓練費の額をいいます。

①その法人が教育訓練等（教育、訓練、研修、講習その他これらに類するものをいう）を自ら行う場合の外部講師謝金、外部施設等使用料等の費用

②他の者に委託して教育訓練等を行わせる場合のその委託費

③他の者が行う教育訓練等に参加させる場合のその参加に要する費用

(7)設立初年度の適用

設立初年度は対象外です。

(8)他の制度との関係

雇用促進税制、復興産業集積区域・避難解除区域等、企業立地促進区域等の雇用関係の税額控除制度とは選択適用となります。

(9)その他

雇用者給与等支給額から「給与等に充てるため他の者から支払いを受ける金額」を給与等の支給額から控除します。

①雇用調整助成金およびこれに類するものの額は控除しません。

②改正によって、「給与等に充てるため他の者から支払いを受ける金額」には看護職員処遇改善評価料および介護職員処遇改善加算その他の役務の提供の対価の額が含まれないこととされました。

(10)適用関係

令和6年4月1日から令和9年3月31日までの間に開始する事業年度に3年延長されました。

個人は令和7年1月1日以後から適用されます。

改正の概要

改正後【措置期間：3年間】

区分	継続雇用者給与等支給額（前年度比）	税額控除率	教育訓練費（前年度比）	税額控除率	両立支援・女性活躍	税額控除率	最大控除率
大企業	+3%	10%	+10%	5%上乗せ	プラチナくるみん or プラチナえるぼし	5%上乗せ	35%
	+4%	15%					
	+5%	20%					
	+7%	25%					

区分	継続雇用者給与等支給額（前年度比）	税額控除率	教育訓練費（前年度比）	税額控除率	両立支援・女性活躍	税額控除率	最大控除率
中堅企業	+3%	10%	+10%	5%上乗せ	プラチナくるみん or えるぼし三段階目以上	5%上乗せ	35%
	+4%	25%					

区分	全雇用者給与等支給額（前年度比）	税額控除率	教育訓練費（前年度比）	税額控除率	両立支援・女性活躍	税額控除率	最大控除率
中小企業	+1.5%	15%	+5%	10%上乗せ	くるみん or えるぼし二段階目以上	5%上乗せ	45%
	+2.5%	30%					

中小企業は、賃上げを実施した年度に控除しきれなかった金額の5年間の繰越しが可能。

改正前【措置期間：2年間】

区分	継続雇用者給与等支給額（前年度比）	税額控除率	教育訓練費（前年度比）	税額控除率	最大控除率
大企業	+3%	15%	+20%	5%上乗せ	30%
	+4%	25%			
	−	−			
	−	−			

区分	全雇用者給与等支給額（前年度比）	税額控除率	教育訓練費（前年度比）	税額控除率	最大控除率
中小企業	+1.5%	15%	+10%	10%上乗せ	40%
	+2.5%	30%			

（出典：経済産業省「令和6年度（2024年度）経済産業関係 税制改正について」）

えるぼし認定制度とくるみん認定制度

えるぼし認定制度　女性活躍推進

「女性活躍推進法」に基づく認定制度。一般事業主行動計画の策定・届出を行った事業主のうち、女性の活躍促進のため取組みの実施状況が優良な企業を厚生労働大臣が「えるぼし認定企業」や「プラチナえるぼし認定企業」として認定します。

えるぼし認定制度のメリット

- ●自社の商品、広告などに認定マークを使用できる
- ●日本政策金融公庫から低利融資が受けられる
- ●公共調達で加点評価が得られる

女性活躍推進法特集ページ　検索

くるみん認定制度　子育てサポート

「次世代育成支援対策推進法」に基づく認定制度。一般事業主行動計画の策定・届出を行った事業主のうち、計画に定めた目標を達成し、一定の基準を満たした企業を厚生労働大臣が「くるみん認定企業」「プラチナくるみん認定企業」「トライくるみん認定企業」として認定します。
不妊治療と仕事との両立支援に取り組む企業を認定する「プラス」認定制度も始まりました。

くるみん認定制度のメリット

- ●自社の商品、広告などに認定マークを使用できる
- ●くるみん助成金（300人以下の企業）が受けられる
  https://kuruminjosei.jp/
- ●日本政策金融公庫から低利融資が受けられる
- ●公共調達で加点評価が得られる

両立支援のひろば　検索

（出典：厚生労働省資料）

えるぼし認定、プラチナえるぼし認定

○えるぼし認定：一般事業主行動計画の策定・届出を行った企業のうち、<u>女性の活躍推進に関する取組みの実施状況が優良である</u>等の一定の要件を満たした場合に認定。 ○プラチナえるぼし認定：えるぼし認定企業のうち、<u>一般事業主行動計画の目標達成や女性の活躍推進に関する取組みの実施状況が特に優良である</u>等の一定の要件を満たした場合に認定。〈令和2年6月～〉 ➡認定を受けた企業は、厚生労働大臣が定める**認定マーク「えるぼし」または「プラチナえるぼし」**を商品などに付すことができる。また、<u>**プラチナえるぼし認定企業は、一般事業主行動計画の策定・届出が免除される。**</u>

プラチナえるぼし 	●策定した一般事業主行動計画に基づく取組みを実施し、**当該行動計画に定めた目標を達成**したこと。 ●男女雇用機会均等推進者、職業家庭両立推進者を選任していること。（※） ●プラチナえるぼしの管理職比率、労働時間等の5つの基準の**全て**を満たしていること。（※） ●女性活躍推進法に基づく情報公表項目（社内制度の概要を除く）のうち、**8項目以上**を「女性の活躍推進企業データベース」で公表していること。（※） ※実績を「**女性の活躍推進企業データベース」に毎年公表すること**が必要
えるぼし（3段階目）	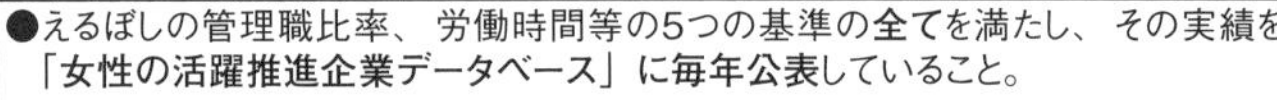●えるぼしの管理職比率、労働時間等の5つの基準の**全て**を満たし、その実績を「**女性の活躍推進企業データベース**」に**毎年公表**していること。
えるぼし（2段階目） 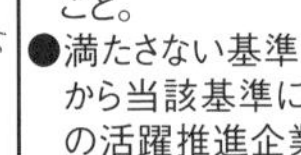	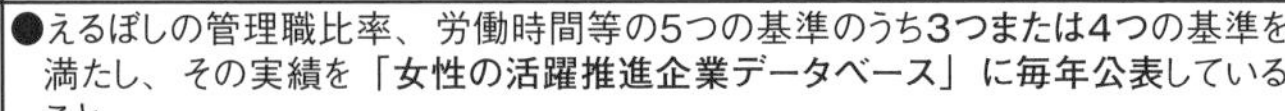●えるぼしの管理職比率、労働時間等の5つの基準のうち**3つ**または**4つ**の基準を満たし、その実績を「**女性の活躍推進企業データベース**」に**毎年公表**していること。 ●満たさない基準については、事業主行動計画策定指針に定められた取組みの中から当該基準に関連するものを実施し、その取組みの実施状況について「女性の活躍推進企業データベース」に公表するとともに、2年以上連続してその実績が改善していること。
えるぼし（1段階目）	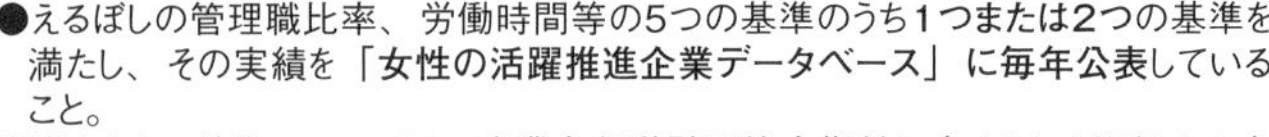●えるぼしの管理職比率、労働時間等の5つの基準のうち**1つ**または**2つ**の基準を満たし、その実績を「**女性の活躍推進企業データベース**」に**毎年公表**していること。 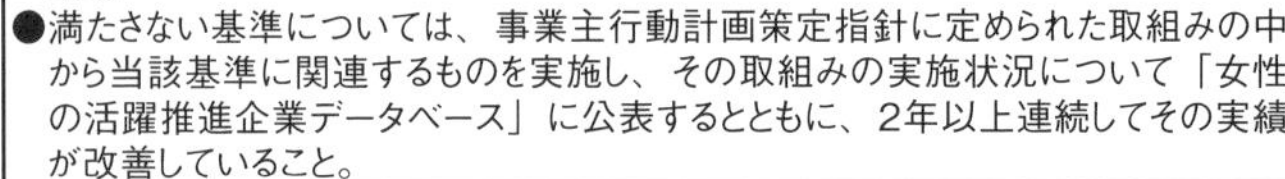●満たさない基準については、事業主行動計画策定指針に定められた取組みの中から当該基準に関連するものを実施し、その取組みの実施状況について「女性の活躍推進企業データベース」に公表するとともに、2年以上連続してその実績が改善していること。

（出典：厚生労働省資料）

A　中小企業者等の賃上げ促進税制

改正前は、雇用者給与等支給増加額の対前年度増加率が2.5％以上の場合および教育訓練費増加要件を満たした場合に上乗せ措置が受けられていました。

改正後は、さらに子育てとの両立支援・女性活躍支援の一定の認定を取得した場合の上乗せ要件が追加されています。この改正により最大の控除率が40％→45％に拡大されました。

また、中小企業においては未だその6割が欠損法人となっており、税制措置のインセンティブが必ずしも効かない構造となっているた

め、これまで本税制を活用できなかった赤字企業に対しても賃上げへの取組みを促すことを目的に、新たに5年間の繰越控除制度が創設されました。ただし、実際に繰越控除する年度においては、雇用者給与等支給額が前年度から増加していることが要件とされています。

改正前後の比較（下線部が変更点）

	改正前	改正後
要件	雇用者給与等支給額：対前年度増加率1.5%以上	雇用者給与等支給額：対前年度増加率1.5%以上
税額控除	雇用者給与等支給額の対前年度増加額の15%の税額控除	雇用者給与等支給額の対前年度増加額の15%の税額控除
	雇用者給与等支給額の対前年度増加額の対前年度増加率が2.5%以上の場合には控除率を15%上乗せ	雇用者給与等支給額の対前年度増加額の対前年度増加率が2.5%以上の場合には控除率を15%上乗せ
	教育訓練費の額が比較教育訓練費の額より10%以上増加した場合には控除率を10%上乗せ	教育訓練費の額が比較教育訓練費の額より**5%以上**増加し、**かつ教育訓練費の額が雇用者給与等支給額の0.05%以上である場合には**控除率を10%上乗せ
		プラチナくるみん認定もしくはプラチナえるぼし認定を受けている、またはくるみん認定もしくはえるぼし認定(2段階目以上)を受けた事業年度の場合控除率に5%を上乗せ
	控除率は最大40%（15%＋上乗せ措置（給与増加）15%＋上乗せ措置（教育訓練）10%）	控除率は最大**45%**（15%＋上乗せ措置（給与増加）15%＋上乗せ措置（教育訓練）10%**＋上乗せ措置(子育て)5%)**
	税額控除額は法人税額の20%を限度	税額控除額は法人税額の20%を限度
		5年間の繰越控除

(1)適用要件

雇用者給与等支給額の対前年度増加率が1.5%以上の場合に適用を受けることができます。

(2)税額控除額

控除対象雇用者給与等支給増加額×15%となります。

(3)税額控除額の上乗せ措置

①雇用者給与等支給額の対前年度増加率が2.5%以上の場合には控

除率が15％上乗せされます。

②当期の教育訓練費の額が比較教育訓練費の額から5％以上（改正前：10％以上）増加している場合（当期の教育訓練費の額 ≧ 前期の教育訓練費の額×105％）には控除率が10％上乗せされます。ただし、新たに要件として教育訓練費の額が雇用者給与等支給額の0.05％以上である場合とする教育訓練費の総額要件が追加されています。

③子育てと仕事の両立支援や女性活躍推進の取組みを後押しする観点から、こうした取組みに積極的な企業に対する厚生労働省による認定制度（「くるみん（次世代育成支援対策推進法）」、「えるぼし（女性の職業生活における活躍の推進に関する法律」）の適用対象企業に対し、税額控除率の上乗せ措置が創設されました。

具体的には、プラチナくるみん認定もしくはプラチナえるぼし認定を受けているまたはくるみん認定もしくはえるぼし認定（2段階目以上）を受けた事業年度の場合、税額控除率に5％が上乗せされます。

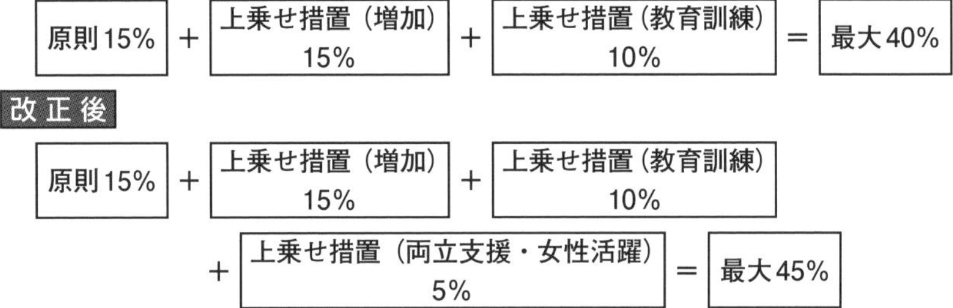

(4)税額控除限度額

法人税額の20％が限度とされます。

(5)繰越控除制度

控除限度超過額は5年間の繰越しができることとされ、繰越税額控除をする事業年度において雇用者給与等支給額が比較雇用者給与等支給額を超える場合に限り適用されます。

繰越控除措置のイメージ

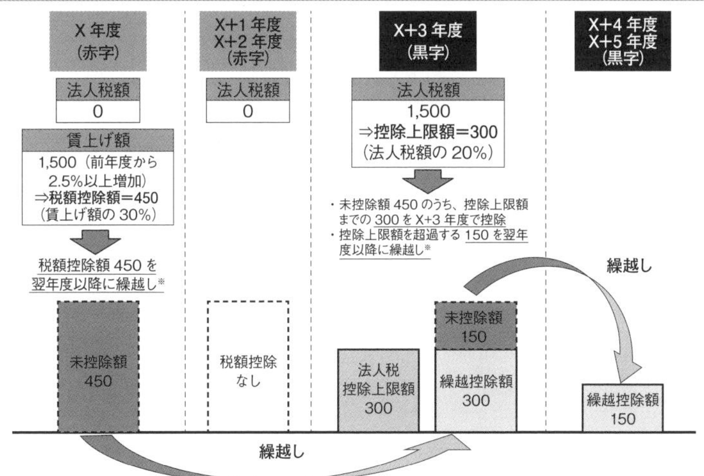

※未控除額を翌年度以降に繰り越す場合は、未控除額が発生した年度の申告において、「給与等の支給額が増加した場合の法人税額の特別控除に関する明細書」を提出する必要があります。

（出典：経済産業省「令和6年度税制改正「賃上げ促進税制」パンフレット（2024年3月）」

繰越控除措置を創設する必要性

●**現行制度では、赤字等の厳しい業況の中においても賃上げを行っている企業が税制の適用を受けることができない**。中堅・中小企業は大企業よりも赤字等の厳しい業況にある企業の割合が大きいため、**中堅・中小企業にとって賃上げ促進税制は利用しにくいのが現状**。

●経済産業省のアンケート結果では、欠損法人であってかつ1.5%の賃上げを達成できなかった者の3割が、当該年度の税額控除分を翌年度の法人税額に繰り越せるのであれば1.5%以上の賃上げを行なったと回答。

●したがって、**賃上げを実施した年度以降に業績が改善したタイミングで税制の適用を受けられる形に税制を改正すれば、厳しい業況の中においても賃上げを行う中堅・中小企業を増やす**ことができる。

○令和３年度資本金1億円以下の企業における利益計上法人・欠損法人の内訳

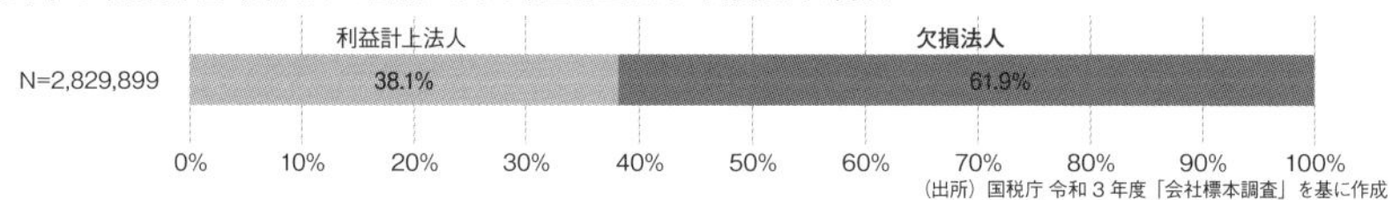

（出所）国税庁 令和３年度「会社標本調査」を基に作成

○令和３年度賃上げ率1.5%未満の欠損法人における繰越控除制度があった場合の対応

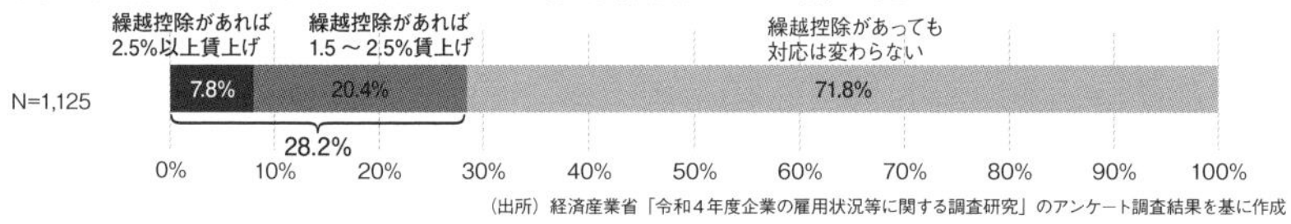

（出所）経済産業省「令和４年度企業の雇用状況等に関する調査研究」のアンケート調査結果を基に作成

（出典：経済産業省「令和6年度税制改正に関する経済産業要望【概要】」）

中小企業者等とは

(1) 下記のいずれかに該当する法人をいいます。

①資本金の額または出資金の額が１億円以下の法人

②資本または出資を有しない法人のうち常時使用する従業員数が1,000人以下の法人

ただし、以下の法人は対象外です。

・同一の大規模法人との間に当該大法人による完全支配関係がある法人等から2分の１以上の出資を受ける法人

・2以上の大規模法人から3分の2以上の出資を受ける法人

・前3事業年度の平均所得金額が15億円超の法人

(2) 常時使用する従業員数が1,000人以下の個人事業主

(3) 協同組合等（中小企業等協同組合、出資組合である商工組合等）

B 大法人の賃上げ促進税制

改正前は、雇用者給与等支給増加額の3%以上増加要件と教育訓練費等増加要件それぞれで上乗せ措置が受けられていました。

改正後は、さらに子育てとの両立支援・女性活躍支援の一定の認定を取得した場合の上乗せ要件が追加されています。この改正により最大の控除率は30%から35%に拡大されます。

改正前後の比較（下線部が変更点）

	改正前	改正後
要件	①継続雇用者給与等支給額：対前年度増加率3.0%以上 ②雇用者給与等支給額：前年度を上回ること	①継続雇用者給与等支給額：対前年度増加率3.0%以上 ②雇用者給与等支給額：前年度を上回ること
税額控除	雇用者給与等支給額の対前年度増加額の15%の税額控除	雇用者給与等支給額の対前年度増加額の10%の税額控除
	継続雇用者給与等支給額の対前年度増加額の対前年度増加率が4%以上の場合には控除率を10%上乗せ	継続雇用者給与等支給額の対前年度増加額の対前年度増加率が ①4%以上の場合には控除率を5%上乗せ ②5%以上の場合には控除率を10%上乗せ ③7%以上の場合には控除率を15%上乗せ
	教育訓練費の額が比較教育訓練費の額より20%以上増加した場合には控除率を5%上乗せ	教育訓練費の額が比較教育訓練費の額より10%以上増加し、かつ教育訓練費の額が雇用者給与等支給額の0.05%以上である場合には控除率を5%上乗せ
		プラチナくるみん認定またはプラチナえるぼし認定を受けている場合控除率に5%を上乗せ
	控除率は最大30%（15%＋上乗せ措置（給与増加）10%＋上乗せ措置（教育訓練）5%）	控除率は最大35%（10%＋上乗せ措置（給与増加）15%＋上乗せ措置（教育訓練）5%＋上乗せ措置（子育て）5%）
	税額控除額は法人税額の20%を限度	税額控除額は法人税額の20%を限度

(1) 適用要件

継続雇用者給与等支給額の対前年度増加率が3%以上の場合に適用を受けることができます。

(2) 税額控除額

雇用者給与等支給額の対前年度増加額×10%となります。

(3)継続雇用者給与等支給額

国内雇用者のうち当期および前期の全期間の各月において給与等の支給がある一定の雇用者に対する給与等の支給額（退職者・再雇用者・新卒採用者は除く）をいいます。

(4)継続雇用者比較給与等支給額

前期の継続雇用者給与等支給額をいいます。

(5)税額控除額の上乗せ措置

①改正前は、継続雇用者給与等支給額の対前年度増加額の対前年度増加率が4%以上の場合には控除率が10%上乗せされていました。改正後は、次のように対前年度増加率に応じ控除率が変動することになります。

・対前年度増加率4%以上の場合には控除率が5%上乗せされます。
・対前年度増加率5%以上の場合には控除率が10%上乗せされます。
・対前年度増加率7%以上の場合には控除率が15%上乗せされます。

②当期の教育訓練費の額が比較教育訓練費の額から10%以上（改正前：20%以上）増加している場合（当期の教育訓練費の額 ≧ 前期の教育訓練費の額×110%）には控除率が5%上乗せされます。
ただし、新たに要件として教育訓練費の額が雇用者給与等支給額の0.05%以上である場合とする教育訓練費の総額要件が追加されています。

③子育てと仕事の両立支援や女性活躍推進の取組みを後押しする観点から、こうした取組みに積極的な企業に対する厚生労働省による認定制度（「くるみん（次世代育成支援対策推進法）」、「えるぼし（女性の職業生活における活躍の推進に関する法律」）の適用対象企業に対し、税額控除率の上乗せ措置が創設されます。
具体的には、プラチナくるみん認定またはプラチナえるぼし認定を受けている場合、税額控除率に5%が上乗せされます。

改正前後の控除率の比較

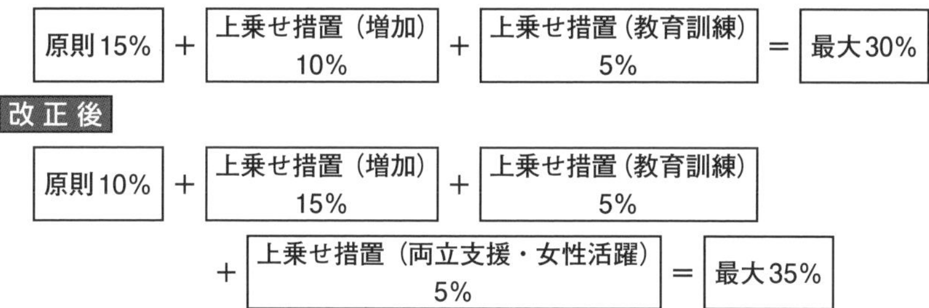

(6)税額控除限度額

法人税額の20%が限度とされます。

(7)一部の大法人に対する適用制限

資本金の額等が10億円以上であり、かつ、常時使用する従業員の数が1,000人以上である場合には、給与等の支給額の引上げの方針、取引先との適切な関係の構築の方針その他の事項（「マルチステークホルダー方針」次ページ参照）をインターネットを利用する方法により公表したことを経済産業大臣に届け出ている場合に限り、適用があるものとされています。

改正により、常時使用する従業員の数が2,000人を超える場合も適用対象となりました。また、取引先に消費税の免税事業者が含まれることが明確化されました。

マルチステークホルダー方針の公表

■マルチステークホルダー方針の公表とは、 従業員や取引先をはじめとする様々なステークホルダーに対し、 各企業がどのような配慮を行うか、 自ら宣言することをいいます。

■具体的には、
①従業員への還元（「給与等の支給額の引上げの方針」、 人材育成の方針 等）
②取引先への配慮（「取引先との適切な関係の構築の方針」）をはじめ、各企業が自社の様々なステークホルダーに対し、 どのような配慮を行うかを自社のホームページで公表し、 その内容などを経済産業大臣に届け出ることとなります。

〈スキームイメージ〉

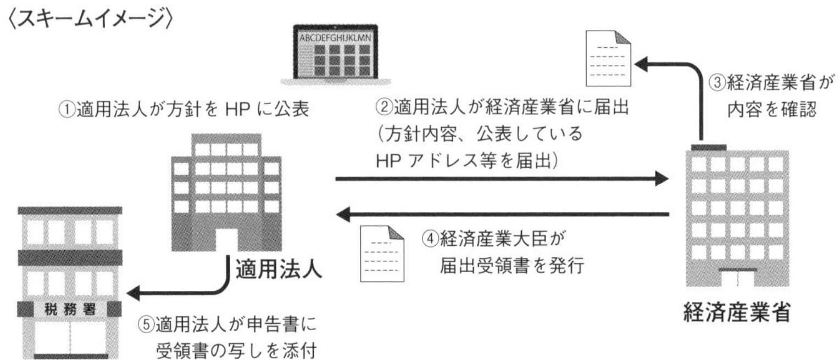

（出典：財務省「令和４年度税制改正」、一部改変）

マルチステークホルダー方針の公表対象企業の拡大

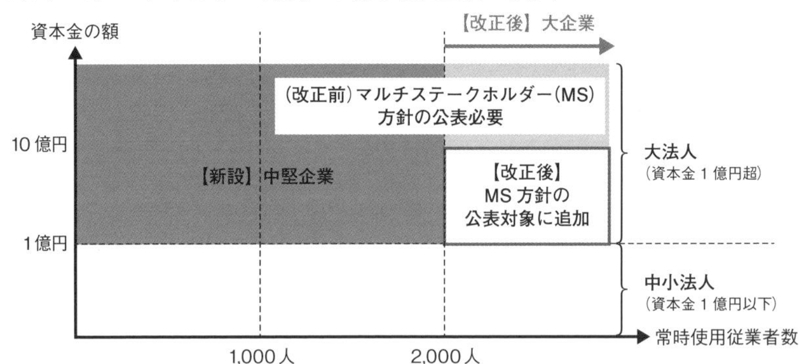

（出典：『Q&A 令和６年度税制改正の留意点』 TKC 出版）

C 中堅企業（特定法人）向けの賃上げ促進税制（新設）

改正前の制度では資本金1億円超の法人については大法人として一律の制度となっていましたが、常時使用する従業員の数が2,000人以下の法人については、中堅企業（特定法人）として大法人向けの制度のうち一部の要件が緩和された制度が創設されます。

中堅企業向け措置の概要（新設）

	改正前（大法人向け措置）	改正後（新設・中堅企業向け）
対象		青色申告書を提出する法人で**常時使用する従業員の数が2,000人以下であるもの**
要件	①継続雇用者給与等支給額：対前年度増加率3.0%以上 ②雇用者給与等支給額：前年度を上回ること	①継続雇用者給与等支給額：対前年度増加率3.0%以上 ②雇用者給与等支給額：前年度を上回ること
税額控除	雇用者給与等支給額の対前年度増加額の15%の税額控除	雇用者給与等支給額の対前年度増加額の**10%**の税額控除
	継続雇用者給与等支給額の対前年度増加額の対前年度増加率が4%以上の場合には控除率を10%上乗せ	継続雇用者給与等支給額の対前年度増加額の対前年度増加率が**4%以上の場合には控除率を15%上乗せ**
	教育訓練費の額が比較教育訓練費の額より20%以上増加した場合には控除率を5%上乗せ	教育訓練費の額が比較教育訓練費の額より**10%以上**増加し、**かつ教育訓練費の額が雇用者給与等支給額の0.05%以上である場合**には控除率を5%上乗せ
		プラチナくるみん認定もしくはプラチナえるぼし認定を受けている、またはえるぼし認定（3段階目）を受けた事業年度の場合控除率に5%を上乗せ
	控除率は最大30%（15%+上乗せ措置（給与増加）10%+上乗せ措置（教育訓練）5%）	控除率は最大**35%**（**10%**+上乗せ措置（給与増加）**15%**+上乗せ措置（教育訓練）5%**+上乗せ措置（子育て）5%**）
	税額控除額は法人税額の20%を限度	税額控除額は法人税額の20%を限度

(1)対象法人

青色申告書を提出する法人で常時使用する従業員の数が2,000人以下であるものが対象です。

(2)税額控除額の上乗せ措置

①大法人向け制度は、対前年度増加率に応じ上乗せ控除率が変動し

ますが、中堅企業向け制度の場合には継続雇用者給与等支給額の対前年度増加額の対前年度増加率が4%以上の場合には控除率が一律15%とされます。

②子育てと仕事の両立支援や女性活躍推進の取組みを後押しする観点から、こうした取組みに積極的な企業に対する厚生労働省による認定制度（「くるみん（次世代育成支援対策推進法）」、「えるぼし（女性の職業生活における活躍の推進に関する法律」）の適用対象企業に対し、税額控除率の上乗せ措置があります。大法人向け制度より要件が緩和されておりプラチナくるみん認定もしくはプラチナえるぼし認定を受けているまたはえるぼし認定（3段階目）を受けた事業年度の場合、控除率に5%を上乗せされます。

2 研究開発投資税制その他一定の税額控除不適用措置の見直し

POINT!

■賃上げ・設備投資いずれも実施しないと税額控除に制限

■所得税にも同様の制度がある

■従業員数2,000人超の企業は賃上げ要件が引き上げられ厳格化

措法10の6、42の4、42の11の2、42の12の6、42の12の7、42の13、措令5の7、27の13

解説

利益が向上しているにもかかわらず賃上げや設備投資のいずれにも消極的な企業の場合には租税特別措置の適用が一部制限されています。岸田政権下の新しい資本主義では「成長と分配の好循環」が掲げられており、その重要テーマとして賃上げが挙げられていることから、令和6年度税制改正では大企業向けの国内設備投資額要件が厳格化されるとともに、従業員数2,000人超の企業の賃上げ要件が引き上げられ対象企業が拡大されました。

(1)制度の概要

大企業が、以下の要件全てに該当する場合には一定の租税特別措置が適用できないことになります。

①所得金額が前期の所得金額を超えること

②継続雇用者給与等支給額が継続雇用者比較給与等支給額以下であること

③国内設備投資額が当期減価償却費の総額の3割以下であること

(2)継続雇用者給与等支給額増加要件と国内設備投資額要件の改正

令和6年度税制改正により、「継続雇用者給与等支給額増加要件」の対象企業の範囲が拡大されるとともに一定の大企業については、「国内設備投資額要件」が厳格化されました。

①対象となる大企業の範囲

対象となる大企業は次のいずれかの要件を満たす企業とされます。

1）資本金の額等が10億円以上かつ常時使用する従業員の数が1,000人以上かつ前事業年度の所得の金額が黒字

2）常時使用する従業員の数が2,000人超かつ前事業年度の所得の金額が黒字**【改正で追加】**（個人含む）

②増加要件

1）継続雇用者給与等支給額要件

「継続雇用者給与等支給額の継続雇用者比較給与等支給額に対する増加割合が1％以上」であること

2）国内設備投資額要件

国内設備投資額が当期の減価償却費の4割（改正前：3割）の金額以下であること**【改正】**

(3)大企業の範囲

中小企業者（適用除外事業者に該当するものを除く）または農業協同組合等以外の企業をいいます。

(4)適用除外される租税特別措置

適用が除外される措置は下記に示す生産性の向上に資する特別措置に限定されています。

①研究開発税制（試験研究を行った場合の税額控除）

②地域未来投資促進税制（地域経済牽引事業の促進区域内において特定事業用機械等を取得した場合の特別償却又は税額控除）

③5G導入促進税制（認定特定高度情報通信技術活用設備を取得した場合の投資税額控除）

④カーボンニュートラルに向けた投資促進税制（生産工程効率化等設備を取得した場合の特別償却又は税額控除）

⑤デジタルトランスフォーメーション投資促進税制（情報技術事業適応設備を取得した場合等の特別償却又は税額控除）

(5)適用関係

平成30年4月1日から令和9年3月31日までの間に開始する各事業

年度に3年延長されます。

租税特別措置の不適用措置の見直しについて

制度概要 【適用期限：令和8年度末まで】 ※下線：令和６年度税制改正における変更点

下記の①～③の全てを満たす**資本金１億円超の大企業**は不適用措置の対象。

①**所得金額**：対前年度比で増加

②**継続雇用者の給与等支給額**：
・大企業（下記以外の場合）：対前年度以下
・前年度が黒字の大企業（資本金10億円以上かつ従業員数1,000人以上、<u>または、従業員数2,000人超</u>）：対前年度増加率 1%未満。

③**国内設備投資額**：
・大企業（下記以外の場合）：当期の減価償却費の3割以下
・<u>前年度が黒字の大企業（資本金10億円以上かつ従業員数1,000人以上、または、従業員数2,000人超）：当期の減価償却費の4割以下</u>。

【対象となる租税特別措置】

研究開発税制、地域未来投資促進税制、5G導入促進税制、デジタルトランスフォーメーション投資促進税制、カーボンニュートラル投資促進税制

（出典：経済産業省「令和６年度（2024年度）経済産業関係 税制改正について」）

3 中小企業事業再編投資損失準備金制度（中小企業経営資源集約化税制）の改正

POINT!

- ■M&Aを行った場合に、取得価額の70%まで損金算入可
- ■2回目のM&Aでは90%、3回目以降では100%と大幅拡充
- ■産業競争力強化法の特別事業再編計画の認定を受けたものが対象

措法56、措令32の3、措規21の2

解説

中小企業経営資源集約化税制は、経営資源の集約化に関する生産性向上計画の認定を受けた中小企業が、M&A後に簿外債務、偶発債務等が顕在化するリスクに備えるための税制です。中小企業の経営資源の集約化による事業の再構築などにより、経営力を向上させ、足腰を強くする仕組みを構築することを目的として、令和3年度税制改正で創設されました。

令和6年度税制改正により、中堅企業も対象となる産業競争力強化法に基づく措置が追加され、損金算入限度額が70%だったものが、2回目のM&Aでは90%、3回目以降については100%と大幅に拡充されています。また、据置期間も5年間から10年間に長期化されるなど、制度が大幅に拡充されました。

中小企業等経営強化法に基づく措置

(1)対象法人

青色申告書を提出する中小企業者（中小企業等経営強化法の中小企業者等であって、租税特別措置法の中小企業者）が対象です。

(2)特定株式等（投資対象株式）

経営力向上計画に従って株式等の購入（購入による取得に限る）をし、

かつ取得事業年度終了の日まで引き続き有している場合が対象です。

(3)経営力向上計画の認定

中小企業等経営強化法の改正を前提に、同法の改正法の施行日から令和9年3月31日（改正前：令和6年3月31日）までの間に中小企業等経営強化法の経営力向上計画（経営資源集約化措置が記載されたものに限る）の認定を受けたものが対象となります。

(4)投資対象期間

経営力向上計画（経営資源集約化措置が記載されたものに限る）の計画期間中が対象となります。

(5)損金算入限度額

株式等の取得価額（上限10億円）の70％以下の金額を中小企業事業再編投資損失準備金として積み立てたときは、損金に算入することができます。

(6)特別勘定の取崩し

下記の場合には準備金残高を取り崩して益金算入することとなります。

① その株式等の全部または一部を有しなくなった場合
② その株式等の帳簿価額を減額した場合
③ 株式等の取得をした事業年度後にその事業承継等を対象とする一定の表明保証保険契約を締結した場合**【改正で追加】**
④ ①～③以外の場合➡その積み立て事業年度終了の日の翌日から5年を経過した日から5年間で均等額を取り崩して益金算入

(7)経営力向上計画の認定手続きの見直し

中小企業等経営強化法の経営力向上計画（事業承継等事前調査に関する事項の記載があるものに限る）の認定手続きについて、その事業承継等に係る事業承継等事前調査が終了した後（最終合意前に限る）においても、その経営力向上計画の認定ができることとする運用の改善が行われます。

(8) 適用関係

中小企業等経営強化法の改正法の施行日から令和9年3月31日（改正前：令和6年3月31日）までの間に中小企業等経営強化法の経営力向上計画（経営資源集約化措置が記載されたものに限る）の認定を受けたものに適用されます。

産業競争力強化法に基づく措置（新設）

(1) 対象法人

青色申告書を提出する法人が対象です。

(2) 特定株式等（投資対象株式）

産業競争力強化法の特別事業再編計画の認定を受けた認定特別事業再編事業者（1回M＆Aをしたもの）が計画に従って株式等の取得（購入による取得に限る）をし、かつ取得事業年度終了の日まで引き続き有している場合（ただしその株式等の取得価額が100億円を超える金額または1億円に満たない金額である場合および一定の表明保証保険契約を締結している場合を除く）。

(3) 特別事業再編計画の認定

産業競争力強化法の改正を前提に、同法の改正法の施行日から令和9年3月31日までの間に産業競争力強化法の特別事業再編計画の認定を受けたものが対象となります。

(4) 投資対象期間

特別事業再編計画の計画期間中が対象となります。

> （参考）産業競争力強化法等の一部を改正する法律案（第2条18項、一部改変）
>
> 18 「特別事業再編」とは、事業再編のうち、中小企業者又は中堅企業者であって、他の事業者の経営の支配又は経営資源の取得を行ったことがあるものが、当該他の事業者以外の他の事業者の経営資源を自らの経営資源と一体的に活用し、新たな需要を相当程度開拓することを目的として、事業譲渡、株式譲渡、組織再編等を行うものをいう。

(5) 損金算入限度額

株式等の取得価額の一定額以下の金額を中小企業事業再編投資損失準備金として積み立てたときは、損金算入できます。

① その認定に係る特別事業再編計画に従って最初に取得をした株式等：90%

② ①に掲げるもの以外の株式等：100%

(6) 特別勘定の取崩し

次の場合には準備金残高を取り崩して益金算入することとされます。

① その株式等の全部または一部を有しなくなった場合

② その株式等の帳簿価額を減額した場合

③ ①②以外の場合➡その積み立て事業年度終了の日の翌日から10年を経過した日から5年間で均等額を取り崩して益金算入

(7) 適用関係

産業競争力強化法の改正法の施行の日から令和9年3月31日までの間に産業競争力強化法の特別事業再編計画の認定を受けた認定特別事業再編事業者であるものが、その認定に係る特別事業再編計画に従って他の法人の株式等の取得（購入による取得に限る）をしたものに適用されます。

中小企業事業再編投資損失準備金の拡充および延長

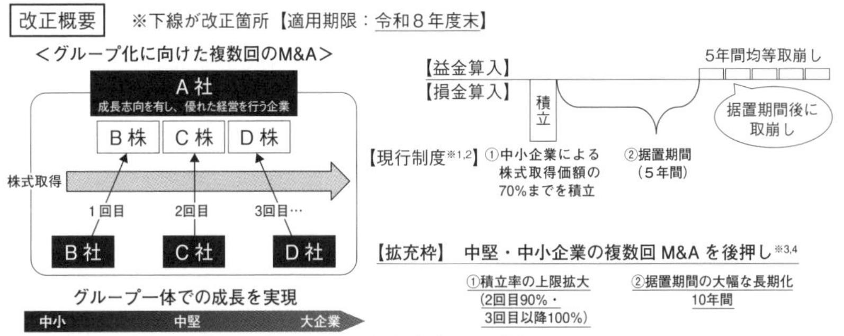

※1 認定からM&A実施までの期間を短縮できるよう、計画認定プロセスを見直し。
※2 簿外債務が発覚した等により、減損処理を行った場合や、取得した株式を売却した場合等には、準備金を取崩し。
※3 産業競争力強化法において新設する認定を受けることが要件（拡充枠は過去5年以内にM＆Aの実績が必要）。
※4 中堅企業は2回目以降のM＆Aから活用可能。

（出典：経済産業省「令和6年度（2024年度）経済産業関係 税制改正について」）

4 戦略分野国内生産促進税制の創設

POINT!

■世界的な産業政策競争に対抗するため新たな投資促進策が創設

■投資時点だけではなく生産段階でも税額控除が可能

■電気自動車・半導体・グリーンエネルギーなどの生産・販売が対象

措法42の12の7、措令27の12の7

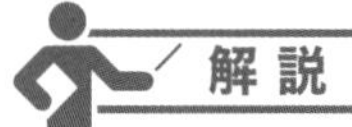

解説

世界で戦略分野への投資獲得競争が活発化する中、戦略分野のうち、総事業費が大きく、特に生産段階でのコストが高い事業の国内投資を強力に促進するため、過去に例のない新たな投資促進策として戦略分野国内生産促進税制が創設されます。具体的には、電気自動車、グリーンスチール、グリーンケミカル、持続可能な航空燃料（SAF）、半導体（マイコン・アナログ）等を対象に、生産・販売量に応じた税額控除が10年間の適用期間で可能となります。

(1)対象法人

青色申告書を提出する法人で産業競争力強化法の事業適応計画の認定に係る同法の認定事業適応事業者をいいます。

ただし、その事業適応計画にその計画に従って行うエネルギー利用環境負荷低減事業適応のための措置として同法の産業競争力基盤強化商品の生産および販売を行う旨の記載があるものに限られます。

(2)対象設備

事業適応計画に記載された産業競争力基盤強化商品の生産をするための設備の新設または増設をする場合において、産業競争力基盤強化商品生産用資産（機械その他の減価償却資産）の取得等をして、国内にある事業の用に供した場合が対象となります。

(3) 税額控除

その認定の日以後10年以内（以下「対象期間」という）の日を含む各事業年度において、その産業競争力基盤強化商品生産用資産により生産された産業競争力基盤強化商品のうち、その事業年度の対象期間において販売されたものの数量等に応じた金額とその産業競争力基盤強化商品生産用資産の取得価額を基礎とした金額（既に本制度の税額控除の対象となった金額を除く）とのうち、いずれか少ない金額に対し法人税額の40％（半導体生産用資産については20％）を上限として税額控除ができることとされます。

なお、4年間（半導体生産用資産については3年間）の繰越控除ができます。

（注）上記の「産業競争力基盤強化商品生産用資産の取得価額を基礎とした金額」は、その産業競争力基盤強化商品生産用資産およびこれとともにその産業競争力基盤強化商品を生産するために直接または間接に使用する減価償却資産に係る投資額の合計額として事業適応計画に記載された金額とされます。

(4) 産業競争力基盤強化商品の単位当たり控除額

対象となる物資と各物資の単位当たり控除額は次のとおりです。

物資		控除額
電気自動車等	EV・FCV	40万円/台
	軽EV・PHEV	20万円/台
グリーンスチール		2万円/トン
グリーンケミカル		5万円/トン
持続可能な航空燃料（SAF）		30円/リットル

物資			控除額
半導体	マイコン	28-45nm相当	1.6万円/枚
		45-65nm相当	1.3万円/枚
		65-90nm相当	1.1万円/枚
		90nm以上	7千円/枚
	アナログ半導体（パワー半導体含む）	パワー（Si）	6千円/枚
		パワー（SiC, GaN）	2.9万円/枚
		イメージセンサー	1.8万円/枚
		その他	4千円/枚

（注）競争力強化が見込まれる後半年度には、控除額を段階的に引き下げる。（生産開始時から8年目に75％、9年目に50％、10年目に25％に低減）
半導体は、200mmウェハ換算での単位当たり控除額。

（出典：経済産業省「令和6年度（2024年度）経済産業関係 税制改正について」）

(5) 税額控除の不適用

所得金額が前事業年度の所得金額を超える一定の事業年度で、かつ次の要件のいずれにも該当しない場合は、税額控除の適用を受けることはできません。ただし、繰越控除制度の適用を受けることはできます。

①継続雇用者給与等支給額が継続雇用者比較給与等支給額から1%以上増加していること

②国内設備投資額が当期の減価償却費の40%を超えること

(6)他制度との関連

控除税額は、デジタルトランスフォーメーション投資促進税制の税額控除制度による控除税額およびカーボンニュートラルに向けた投資促進税制の税額控除制度による控除税額との合計で当期の法人税額の40%が上限とされます。

(7)地方法人税の取扱い

半導体生産用資産に係る控除税額を除き、本制度による控除税額は、地方法人税の課税標準となる法人税額から控除されません。

(8)適用関係

産業競争力強化法の改正法の施行の日から令和9年3月31日までの間に産業競争力強化法の認定を受けた事業適応計画に記載された、産業競争力基盤強化商品生産用資産の取得等をして、国内にある事業の用に供した場合に適用されます。

5 イノベーションボックス税制の創設

POINT!

■国内の知的財産権のライセンス所得、譲渡所得の課税を軽減する制度

■知的財産権から生み出される所得額の30％を控除

■適用対象期間は７年間

措法59の3

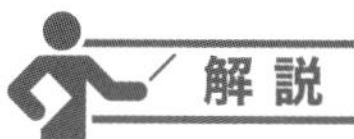

わが国のイノベーション拠点の立地競争力を強化する観点から、海外と比べて遜色ない事業環境の整備を図るため、国内で自ら研究開発した知的財産権（特許権、AI関連のプログラムの著作権）から生じるライセンス所得、譲渡所得を対象に、所得控除30％を措置するイノベーション拠点税制（イノベーションボックス税制）が創設されます。適用期間は7年間とされています。

(1) 対象法人

青色申告法人のうち、居住者もしくは内国法人（関連者であるものを除く）に対する特定特許権等の譲渡または他の者（関連者であるものを除く）に対する特定特許権等の貸付け（以下「特許権譲渡等取引」という）を行った法人が対象となります。

「関連者」は、移転価格税制における関連者と同様の基準により判定されます。

(2) 損金算入限度額

次の①または②のいずれか少ない金額の30％に相当する金額が損金算入できます。

①その事業年度において行った特許権譲渡等取引ごとの下記計算による金額を合計した金額

a：特許権譲渡等取引に係る所得の金額 ＝	c：bに含まれる適格研究開発費の合計額
	b：特定特許権に関連する研究開発費※

※当期および前期以前（令和７年４月１日以後に開始する事業年度に限る）において生じた研究開発費の額のうち、その特許権譲渡等取引に係る特定特許権等に直接関連する研究開発に係る金額の合計額

令和9年4月1日前に開始する事業年度において、当期において行った特許権譲渡等取引に係る特定特許権等のうちに令和７年４月１日以後最初に開始する事業年度開始の日前に開始した研究開発に直接関連するものがある場合には、上記①の金額は、次の金額とされます。

a：当期において行った特許権譲渡等取引に係る所得の金額の合計額 ＝	c：bの金額に含まれる適格研究開発費の額の合計額
	b：当期、前期および前々期において生じた研究開発費の額の合計額

②当期の所得の金額

(3)特定特許権等

特定特許権等とは、令和６年４月１日以後に取得または製作をした特許権および人工知能関連技術を活用したプログラムの著作権で、一定のものをいいます。

(4)研究開発費の額・適格研究開発費の額

研究開発費の額とは、研究開発費等に係る会計基準における研究開発費の額に一定の調整を加えた金額をいいます。

適格研究開発費の額とは、研究開発費の額のうち、特定特許権等の取得費および支払ライセンス料、国外関連者に対する委託試験研究費ならびに国外事業所等を通じて行う事業に係る研究開発費の額以外のものをいいます。

(5)適用関係

令和７年４月１日から令和14年３月31日までの間に開始する各事業

年度に適用されます。

イノベーション拠点税制（イノベーションボックス税制）のイメージ

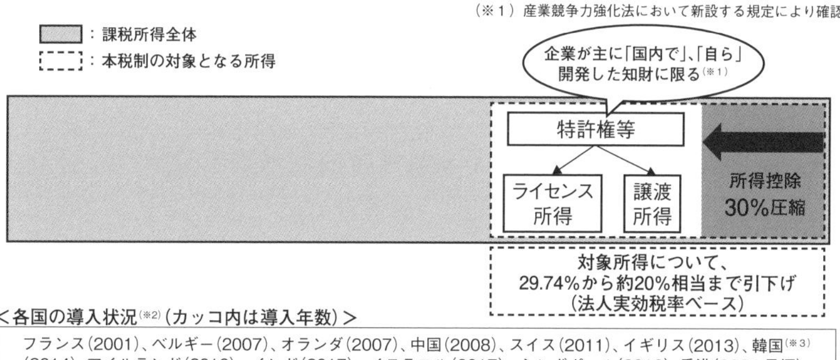

＜各国の導入状況（※2）（カッコ内は導入年数）＞

フランス（2001）、ベルギー（2007）、オランダ（2007）、中国（2008）、スイス（2011）、イギリス（2013）、韓国（※3）（2014）、アイルランド（2016）、インド（2017）、イスラエル（2017）、シンガポール（2018）、香港（2024 目標）、オーストラリア（検討中）

（※2）米国には、無形資産由来の所得に係る制度として、FDII、GILTIが存在　（※3）韓国では中小企業を対象とした制度

（出典：経済産業省「令和６年度（2024年度）経済産業関係 税制改正について」）

イノベーション拠点税制（イノベーションボックス税制）の制度案

□措置期間：7年間（令和7年4月1日施行）
□所得控除率：30%
□所得控除額算定式

所得控除額 ＝ 制度対象所得［知財由来の所得 × 知財開発のための適格支出 ／ 知財開発のための支出総額］ × 所得控除率（30%）

①対象となる知的財産の範囲	②対象となる所得の範囲	③自己創出比率の計算方法
●特許権 ●AI 関連のソフトウェアの著作権 （令和６年４月１日以降に取得したもの）	●知財のライセンス所得 ●知財の譲渡所得 （海外への知財の譲渡所得及び子会社等からのライセンス所得等を除く）	●企業が主に「国内で」、「自ら」行った研究開発の割合

※本税制の対象範囲については、制度の執行状況や効果を十分に検証した上で、国際ルールとの整合性、官民の事務負担の検証、立証責任の所在等諸外国との違いや体制面を含めた税務当局の執行可能性等の観点から、財源確保の状況も踏まえ、状況に応じ、見直しを検討する。

（出典：経済産業省「令和６年度（2024年度）経済産業関係 税制改正について」）

6 研究開発税制の改正

POINT!

■研究開発税制の控除率のメリハリ付け

■研究開発費が減少している事業年度の控除率を段階的に引下げ

措法10、42の4、措令5の3、27の4、措規20

一般試験研究費の額に係る税額控除制度について、研究開発費が減少している事業年度の税額控除率を段階的に引き下げるとともに、税額控除率の下限（1%）が撤廃され、インセンティブにメリハリがついた制度になります。また、制度の対象となる試験研究費の額から、内国法人の国外事業所等を通じて行う事業に係る試験研究費の額が除外されます（令和７年４月１日以後開始事業年度より適用）。

イノベーションボックス税制の創設とあわせ、わが国自体の研究開発拠点としての立地競争力を強化する観点から見直されるものと考えられます。

(1)研究開発費が減少している場合の税額控除率の見直し

一般型の制度概要（現行制度）

	試験研究費の増減割合	中小法人以外	中小法人
税額控除率	12%超	11.5%+(増減割合－12%)× 0.375 【上限10%※】 ※令和8年3月31日までの3年間の時限措置で14%	12%+(増減割合－12%)×0.375 【上限12%※】 ※令和8年3月31日までの3年間の時限措置で17%
	12%以下	11.5%－(12%－増減割合)× 0.25 【下限1%】	12%
控除税額の上限		当期の法人税額の25% （令和8年3月31日まで、売上高試験研究費割合が10%を超えた場合は最大で35%）	

【増減割合計算式】

➡ 試験研究費の増減差額 ÷ 比較試験研究費の額

試験研究費の額 － 比較試験研究費

その事業年度開始の直前3事業年度分の合計額 ÷ 3

令和8年4月1日以後に開始する事業年度で増減試験研究費割合がゼロに満たない事業年度につき、税額控除率が次のとおり見直されるとともに、税額控除率の下限（改正前：1%）が撤廃されます。

①令和8年4月1日から令和11年3月31日までの間に開始する事業年度

8.5% + 増減試験研究費割合 × 30分の8.5

②令和11年4月1日から令和13年3月31日までの間に開始する事業年度

8.5% + 増減試験研究費割合 × 27.5分の8.5

③令和13年4月1日以後に開始する事業年度

8.5% + 増減試験研究費割合 × 25分の8.5

研究開発税制における控除率のメリハリ付け

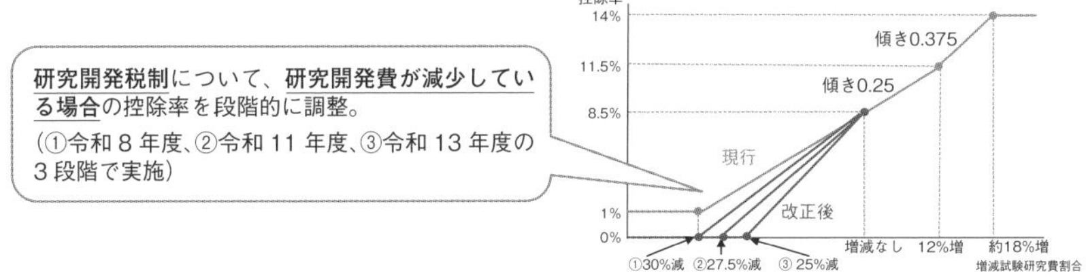

（出典：経済産業省「令和6年度（2024年度）経済産業関係 税制改正について」）

(2) 割増控除

(1) の税額控除率に「控除割増率」を乗じた分が加算され、結果として「税額控除率＝通常の控除率＋控除割増率×通常の控除率」となります。

控除割増率＝（試験研究費割合－10%）×0.5（10%が上限）

(3) 増減特例措置

控除額が上限に達した企業に対してもインセンティブが機能するように、一律に設定されている控除上限を変動させる仕組みがあります。

令和5年4月1日から令和8年3月31日までの間に開始する各事業年度の控除税額の上限については、増減試験研究費割合が4%を超える部分1%当たり当期の法人税額の0.625%（5%を上限とする）を加算し、増減試験研究費割合がマイナス4%を下回る部分1%当たり当期の法人税額の0.625%（5%を上限とする）を減算する特例が設けられています。

（注）試験研究費の額が平均売上金額の10%を超える場合には、上記の特例と試験研究費の額が平均売上金額の10%を超える場合における控除税額の上限の上乗せ特例とのうち、控除税額の上限が大きくなる方の特例（増減試験研究費割合から10%を控除した割合に0.5を乗じた割合とし、10%を上限）が適用されます。

(4) 中小法人の制度概要（中小企業技術基盤強化税制）

「一般型」のうち、中小企業に適用できるものを「中小企業技術基盤強化税制」といいます。

(5) 適用関係

(1) の改正は、令和8年4月1日以後に開始する事業年度から適用されます。

7 オープンイノベーション促進税制の延長

POINT!

■スタートアップ企業に投資をした場合に損金算入できる制度

■出資額の25%を上限に一定の最低払込金額を設定

措法66の13、措令39の24の2、措規22の13

解説

　オープンイノベーションの促進とスタートアップの育成のための税制です。出資額の一定額までを損金算入することができます。

制度の概要

【適用期限：令和7年度末まで】

対象法人：事業会社
(国内事業会社またはその国内CVC)

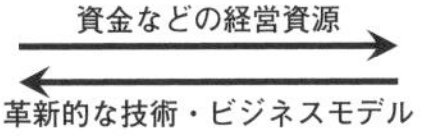

スタートアップ
(設立10年未満の国内外非上場企業※)

	新規出資型	M&A型
制度目的	スタートアップへの新たな資金の供給を促進し、生産性向上につながる事業革新を図るための事業会社によるオープンイノベーションを促進	スタートアップの出口戦略の多様化を図るため、スタートアップの成長に資するM&Aを後押し
対象株式	新規発行株式	発行済株式 (50%超の取得時)
株式取得上限額	50億円/件	200億円/件
株式取得下限額	大企業1億円/件 中小企業1千万円/件 海外スタートアップの場合、一律5億円/件	5億円/件
所得控除	取得株式の25%を所得控除	
将来の益金算入	3年経過後の株式譲渡等の場合 **益金算入不要**	5年経過以降も株式譲渡等の場合 **益金算入**

M&A型については、5年以内に成長投資・事業成長の要件を満たさなかった場合等にも、所得控除分を一括取戻し

※売上高研究開発費比率10%以上かつ赤字企業の場合設立15年未満の企業も対象
※発行済株式を取得する場合(50%超の取得時)は海外スタートアップを除く

(出典：経済産業省「令和6年度（2024年度）経済産業関係 税制改正について」)

(1)対象法人

青色申告書を提出する法人で、産業競争力強化法に規定する新事業開拓事業者と共同して同法に規定する特定事業活動を行うものが対象です。

(2)特定事業活動を行うもの

自らの経営資源以外の経営資源を活用し、高い生産性が見込まれる事業を行うこと、または新たな事業の開拓を行うことを目指す株式会社等をいいます。

(3)投資対象株式

特定株式（特別新事業開拓事業者の株式）のうち、一定の要件を満たすことにつき経済産業大臣の証明※があるものをいいます。

※出資後に企業から提出を受けた資料を、経済産業省において確認し、出資した年および特定期間（3年間）中、経済産業大臣が証明。

(4)特別新事業開拓事業者

産業競争力強化法の新事業開拓事業者のうち特定事業活動に資する一定の事業を行う内国法人（既に事業を開始しているもので、設立後10年未満のものに限る）またはこれに類する外国法人をいいます。

なお、売上高に占める研究開発費の額の割合が10％以上の赤字会社にあっては、設立後15年未満とされています。

(5)最低払込金額

最低払込金額は次のとおりです。

・中小企業者：1,000万円以上

・大企業：1億円以上

・外国法人への払込みについては5億円以上

(6)一定の要件

損金算入できる投資の要件は次のとおりです。

①対象法人が取得するものまたはその対象法人が出資額割合50％超の唯一の有限責任組合員である投資事業有限責任組合の組合財

産等となるものであること
②資本金の増加に伴う払込みにより交付されるものであること
③対象法人が特別新事業開拓事業者の株式の取得等をする一定の事業活動を行う場合であって、その特別新事業開拓事業者の経営資源が、その一定の事業活動における高い生産性が見込まれる事業を行うこと、または新たな事業の開拓を行うことに資するものであること、その他の基準を満たすこと。

既にその総株主の議決権の過半数の株式を有している特別新事業開拓事業者に対する出資は対象から除外されています。また、既に本特例の適用を受けてその総株主の議決権の過半数に満たない株式を有している特別新事業開拓事業者に対する出資について、その対象を総株主の議決権の過半数を有する場合に限定されています。

(7)損金算入限度額

特定株式の取得価額の25％以下の金額を特別勘定の金額として経理したときは、その事業年度の所得の金額を上限に、その経理した金額の合計額を損金算入できます。ただし、株式の取得価額については上限が1件当たり50億円、年間500億円、損金算入限度額は1件当たり12.5億円、年間125億円が上限とされています。

(8)特別勘定の取崩し

特別勘定の金額は、特定株式の譲渡その他の取崩し事由に該当することとなった場合には、その事由に応じた金額を取り崩して、益金算入します。ただし、その特定株式の取得から3年を経過した場合は、この限りではありません。

(9)M&Aにより取得した既存株式等

発行法人以外の者から購入により取得した特別新事業開拓事業者の株式でその取得により総株主の議決権の過半数を有することとなるものも対象となっていますが、新規発行株式の制度とは要件が一部異なっています。

①特定期間

特定株式の取得から5年（新規発行株式：3年）を経過した場合です。

②株式の取得価額

株式の取得価額については、上限が1件当たり200億円（新規発行株式50億円）、損金算入限度額は1件当たり50億円（新規発行株式12.5億円）が上限とされています。

なお、株式の取得価額の年間上限500億円、損金算入限度額の年間上限125億円については、新規発行株式とM&Aにより取得した既存株式等の合計での限度額となります。

③取崩し事由

特定株式の取得から5年を経過した場合に加え、成長投資・事業成長の要件を満たさなかった場合など一定の取崩し事由があります。

(10)適用関係

令和8年3月31日までの間に特定株式を取得し、取得事業年度末まで有する場合に2年延長されます。

8 第三者保有の暗号資産の期末時価評価課税に係る見直し

POINT!

■一定の譲渡制限が付されている暗号資産は時価評価対象外に

■ブロックチェーン企業の海外流出を防止するねらい

法法61、法令118の5〜12、119の5、法令附6、法規26の11

(1)改正前の制度

法人が有する市場暗号資産に該当する暗号資産の期末における評価額は、原則として時価法とされ、評価損益は益金の額または損金の額に算入されます。ただし、自己の発行する暗号資産で、その発行の時から継続して保有し譲渡制限が付されているもの（特定自己発行暗号資産）にあっては原価法とされています。

(2)特定譲渡制限付暗号資産

法人が有する市場暗号資産に該当する暗号資産で譲渡についての制限その他の以下の条件が付されている暗号資産をいいます。

①他の者に移転できないようにする技術的措置がとられていること等その暗号資産の譲渡についての一定の制限が付されていること

②上記①の制限が付されていることを認定資金決済事業者協会において公表させるため、その暗号資産を有する者等が上記①の制限が付されている旨の暗号資産交換業者に対する通知等をしていること

(3)特定譲渡制限付暗号資産の評価方法

改正により、特定譲渡制限付き暗号資産の期末における評価額は、次のいずれかの評価方法のうちその法人が選定した評価方法により計算した金額とすることができます。ただし、自己の発行する暗号資産でその発行の時から継続して保有しているもの（特定自己発行暗号資産）

は原価法とされています。

①原価法

②時価法

(4)評価方法の選定

評価方法は、譲渡についての制限その他の条件が付されている暗号資産の種類ごとに選定し、その暗号資産を取得した日の属する事業年度に係る確定申告書の提出期限までに納税地の所轄税務署長に届け出なければならないこととされます。なお、評価方法を選定しなかった場合には、原価法により計算した金額がその暗号資産の期末における評価額とされます。

(5)適用関係

令和6年4月1日以後に終了する事業年度から適用されます。

改正の概要

法人が有する暗号資産で、以下の要件を満たす暗号資産は、期末時価評価課税の対象外とする。

①他の者に移転できないようにするための技術的措置がとられていること等その**暗号資産の譲渡についての一定の制限**が付されていること。

②上記①の制限が付されていることを認定資金決済事業者協会において公表させるため、その暗号資産を有する者等が**上記①の制限が付されている旨の暗号資産交換業者に対する通知等**をしていること。

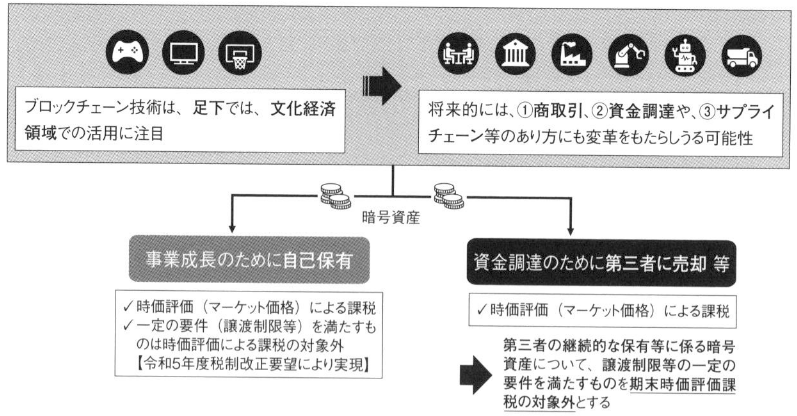

（出典：経済産業省「令和6年度（2024年度）経済産業関係 税制改正について」）

スピンオフの円滑化のための組織再編税制の見直し

POINT!

■株主の譲渡損益の繰延措置

■20%未満であれば金銭等を含む混合対価でも対象

■一部を親会社に残すパーシャルスピンオフについても対象

所法24、所令113、113の2、法法2、61の2、62の3、法令4の2、8、9、119の8、119の8の2、139の3の2、措法68の2の2、措令39の34の3

解説

事業再編の促進、大企業発のスタートアップの創出とその事業分離・独立といったスピンオフの促進は、企業が有する経営資源（人材、技術等）の潜在能力の発揮にとって非常に重要です。令和6年度税制改正で、計画の認定時期および公表時期の見直しが行われました。

(1)改正前の概要

令和5年4月1日から令和6年3月31日までの間に産業競争力強化法の事業再編計画の認定を受けた法人が、同法の特定剰余金配当として行う現物分配で完全子法人の株式が移転するものは、株式分配に該当することとし、その現物分配のうち次の要件に該当するものは、適格株式分配に該当することとされます。

①その法人の株主の持株数に応じて完全子法人の株式のみを交付するものであること

②その現物分配の直後にその法人が有する完全子法人の株式の数が発行済株式の総数の20%未満となること

③完全子法人の従業者のおおむね90%以上がその業務に引き続き従事することが見込まれていること

④適格株式分配と同様の非支配要件、主要事業継続要件および特定役員継続要件を満たすこと

⑤その認定に係る関係事業者または外国関係法人の特定役員に対して新株予約権が付与され、または付与される見込みがあること等の要件を満たすこと

(2) 計画の認定時期および公表時期の見直し

①主務大臣による認定事業再編計画の内容の公表時期について、その認定の日からその認定事業再編計画に記載された事業再編の実施時期の開始の日まで（改正前：認定の日）とされます。

②認定株式分配が適格株式分配に該当するための要件に、その認定株式分配に係る完全子法人が主要な事業として新たな事業活動を行っていることとの要件が加えられます。

(3) 適用関係

令和10年3月31日までの間に産業競争力強化法の事業再編計画の認定を受けた法人に4年延長されます。

改正の概要

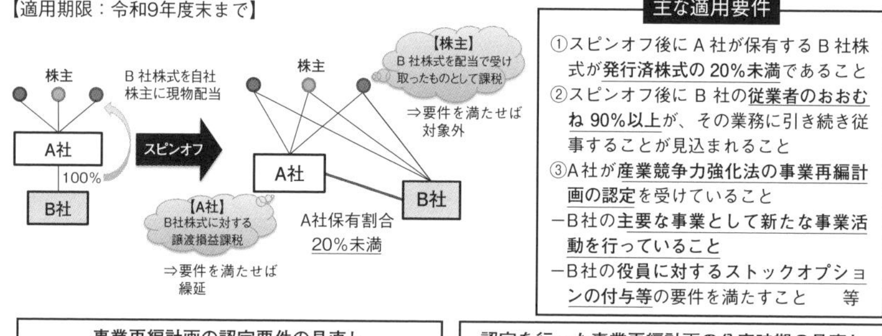

事業再編計画の認定要件の見直し	認定を行った事業再編計画の公表時期の見直し
事業再編計画の既存の認定要件に加え、「B社の主要な事業として新たな事業活動を行っていること」を必須要件とする。	認定を行った事業再編計画について、「原則認定日に公表」としていたが、「計画の開始日までに公表」という運用方針に改めることとする。

（出典：経済産業省「令和6年度（2024年度）経済産業関係 税制改正について」）

10 中小企業者等の少額減価償却資産の見直し・延長

POINT!

■中小企業者等は30万円未満の少額減価償却資産を即時償却可能

■年間の取得価額合計300万円まで

■対象企業の見直し

措法28の2、67の5、措令18の5、39の28、措規9の9、22の18

解説

一定の中小企業者等が支出する30万円未満の少額減価償却資産について、年間の取得価額合計300万円まで即時償却が可能な制度です。

(1)償却資産税の課税対象

均等償却資産は償却資産税の課税対象とはなりませんが、少額減価償却資産は償却資産税の課税対象となる点に留意が必要です。

(2)適用除外となる企業

中小企業者等のうち以下の企業が適用対象外とされます。

①常時使用する従業員が500人を超える企業

②電子申告義務化法人（組合等）については常時使用する従業員が300人を超える特定法人**【改正で追加】**

(3)適用除外となる資産

対象資産から、貸付け（主要な事業として行われるものを除く）の用に供したものが除外されています。

(4)適用関係

令和8年3月31日までの取得供用に2年延長されます。

(2)②は令和6年4月1日以後の取得供用から適用されます。

改正の概要

※下線が改正箇所
【適用期限：令和7年度末】

○適用対象資産から、貸付け（主要な事業として行われるものを除く）の用に供した資産を除く

	取得価額	償却方法	
中小企業者等のみ	30万円未満	全額損金算入 （即時償却）	⬅ 合計300万円まで
全ての企業	20万円未満	3年間で均等償却※1 （残存価額なし）	本則※2
	10万円未満	全額損金算入 （即時償却）	

※1 10万円以上20万円未満の減価償却資産は、3年間で毎年1／3ずつ損金算入することが可能。
※2 本則についても、適用対象資産から貸付け（主要な事業として行われるものを除く）の用に供した資産が除かれる。
※3 従業員数については、中小企業者は500名以下、出資金等が1億円超の組合等は300名以下が対象。

（出典：経済産業省「令和6年度（2024年度）経済産業関係 税制改正について」）

11 交際費等の損金不算入制度の見直し・延長

POINT!

■中小法人は800万円以下の交際費は損金算入可能

■交際費等の範囲から除かれる飲食費用について1人当たり5,000円を10,000円に拡大

措法61の4、措令37の5

中小法人（資本金1億円以下の法人）が支出する800万円以下の交際費等を全額損金算入可能とする特例措置があります。販売促進手段が限られる中小法人にとって、交際費等は事業活動に不可欠な経費であり非常に重要であることから、この特例措置が3年延長されました。

また、会議費の実態を踏まえ、交際費等から除外される飲食費に係る基準が1人当たり5,000円から10,000円に引き上げられました。

(1)制度の概要

①飲食のための支出費用×50%は損金の額に算入することが可能です（資本金等の額が100億円を超える法人は除外）。

②1人当たり10,000円（改正前：5,000円）以下の飲食費用は交際費等の損金不算入の対象とはなりません。

③ただし、専らその法人の役員、従業員等に対する接待等のために支出する費用（いわゆる社内接待費）は対象となりません。

(2)中小法人向け定額控除制度

800万円以下の交際費は全額損金に算入することが可能です。

(3)選択適用

中小法人は**(1)**①飲食費用の50%相当額の損金算入と**(2)**800万円

の定額控除との選択適用となります。

(4)適用関係

令和9年3月31日開始事業年度まで3年延長されました。

上記**(1)**②の改正は、令和6年4月1日以後に支出する飲食費について適用されます。

制度の概要

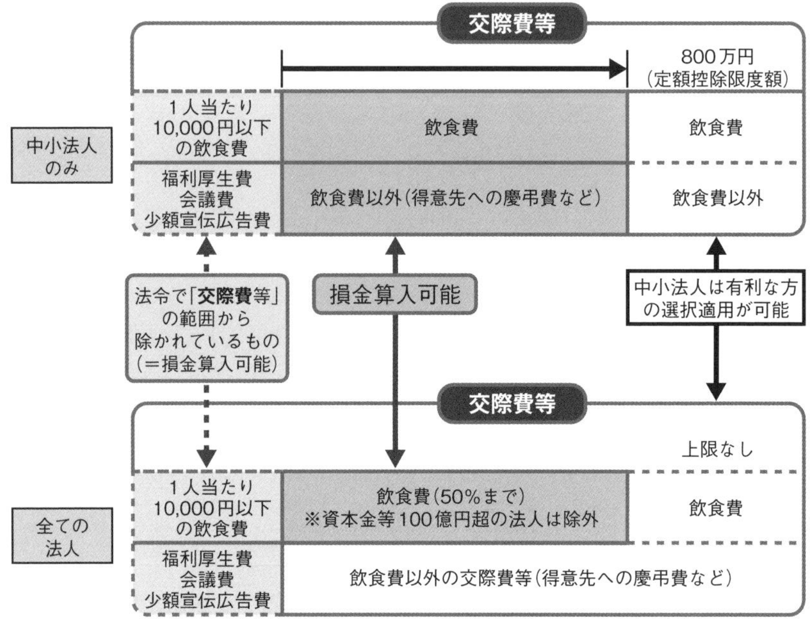

(出典:経済産業省「平成26年度経済産業関係 税制改正について」、一部改変)

12 外形標準課税制度の改正

POINT!

■資本金１億円超の法人については外形標準課税制度の対象

■資本金と資本剰余金の合計額が１０億円を超える法人も外形標準課税の対象に

■大企業の完全子法人等は資本金と資本剰余金の合計額が２億円を超える法人も外形標準課税の対象に

地法72の2、72の15、72の16、72の17、72の20、地法附7、8の3の3、地令10の2、10の4、10の5、地規3の13の4

解説

外形標準課税の対象法人は資本金または出資金の額が1億円を超える法人とされていますが、減資を行い外形標準課税の対象から外れる法人が増加しているため、判定基準に資本金だけではなく資本剰余金も含める見直しがされます。

減資への対応および大企業の100％子法人等への対応の２点において改正が行われ、具体的には資本金と資本剰余金の合計が10億円超の法人および大企業の完全子法人等で資本金と資本剰余金の合計が2億円超の法人が外形標準課税の対象として追加されることになります。

令和７年４月１日以後に開始する事業年度から適用され、公布日前に外形標準課税の対象であった法人が「駆け込み」で減資を行った場合で、基準に該当するときは、外形標準課税の対象とされます。

なお、令和７年3月31日までに外形標準課税の「対象外」である法人および令和７年４月１日以後に新設される法人については、現行基準（資本金1億円超）に該当しない限り、外形標準課税の「対象外」となります。

外形標準課税の概要

●法人事業税（地方税）の税体系において、**「付加価値割」・「資本割」**という2種類の外形標準課税の方式が存在。**資本金1億円超の法人**に対して導入されている。

●**付加価値割**は**主に支払賃金の額に対して課税**し、**資本割**は**資本金等の額に対して課税**する。

○資本金1億円超の法人（税法上の大企業）
⇒所得割＋外形標準課税（＝付加価値割＋資本割）

○資本金1億円以下の法人（税法上の中小企業）
⇒所得割のみ（利益に応じて課税）赤字ならゼロ

付加価値割 ⇒ 支払賃金などの額に応じて課税する方式。赤字企業であっても課税

付加価値割 ＝ ［ 収益配分額（報酬給与額※＋純支払利子＋純支払賃借料） ＋ 単年度損益 ］ × 1.2%

資本割 ⇒ 資本金等の額に応じて課税する方式。赤字企業であっても課税

資本割 ＝ 資本金等（税法上の資本金等の額±無償増減資）の額 × 0.5%

（出典：経済産業省「令和6年度税制改正に関する経済産業省要望（概要）」）

外形標準課税の見直し

●外形標準課税の対象法人数の減少を踏まえ、**課税対象を中小企業やスタートアップに広げるのではなく、大企業の減資や100%子法人等への対応として、以下①②の見直しを講ずる。**

①外形標準課税の対象法人について、現行基準を維持する（外形標準課税の対象外である**中小企業・スタートアップは、引き続き対象外**）。ただし、**当該事業年度の前事業年度に外形標準課税の対象であった法人が資本金1億円以下になった場合でも、資本金と資本剰余金の合計額が10億円を超える場合は、外形標準課税の対象**とする。（令和7年4月1日施行予定）。

②**資本金と資本剰余金の合計額が50億円を超える法人等（当該法人が非課税または所得割のみで課税される法人等**である場合を除く）の100%子法人等のうち、**資本金1億円以下であっても、資本金と資本剰余金の合計額が2億円を超えるものは原則、対象**とする。ただし、**産業競争力強化法の改正を前提に、同法による認定を受けた事業者がM&Aを通じて買収した100%子法人等**については、**5年間対象外**とする。また、新たに外形標準課税の対象となる法人について、従来の課税方式で計算した税額を超えた額のうち、一定の額を、当該事業年度に係る法人事業税額から控除する（2年間の経過措置）（令和8年4月1日施行予定）。

（出典：経済産業省「令和6年度（2024年度）経済産業関係 税制改正について」）

改正前の制度の概要

(1)外形標準課税対象法人

所得に課税される法人で事業年度終了の日における資本金の額または出資金の額が1億円を超えている法人（地法72の2）です。外形標準課税の対象とならない法人が限定列挙され、それ以外の法人は外形標準課税適用法人となります。

(2)外形標準課税の課税方式

付加価値割	法人の付加価値額によって課税 付加価値割額＝付加価値額×1.2% 付加価値額＝収益配分額（報酬給与額＋純支払利子＋純支払賃借料）±単年度損益
資本割	法人の資本金等の額によって課税 資本割額＝地方税法上の資本金等の額×0.5% 資本金等の額＝法人税の資本金等の額＋無償増資（加算）－無償減資（減算）
所得割	法人の所得によって課税 所得割額＝法人の所得の額×3.6% 法人の所得＝原則として法人税の所得に同じ

（参考：東京都ウェブサイト）

(3)税率等

（東京都の場合・超過税率）

区分	令和4.4.1以後開始事業年度
付加価値割	1.26%
資本割	0.525%
所得割	1.18%
外形標準税の割合（税収）	5/8

（参考：東京都ウェブサイト）

A　減資への対応

(1)外形標準課税の対象法人の拡大

外形標準課税の対象法人について、現行基準（資本金（出資金を含む、以下同様）1億円超）を維持するとされていますが、新たに払込資本（資本金＋資本剰余金）が判定要素に追加されました。

当分の間、当該事業年度の前事業年度に外形標準課税の対象であった法人であって、当該事業年度に資本金1億円以下で、資本金と資本剰余金の合計額が10億円を超えるものは、外形標準課税の対象とされ、継続的に見直しが行われるとされています。

(2)経過措置

令和7年4月1日以後最初に開始する事業年度については、上記(1)にかかわらず、公布日を含む事業年度の前事業年度（公布日の前日に資本金が1億円以下となっていた場合には、公布日以後最初に終了する事業年度）に外形標準課税の対象であった法人であって、令和7年4月1日以後最初に開始する事業年度に資本金1億円以下で、資本金と資本剰余金の合計額が10億円を超えるものは、外形標準課税の対象とされます。

(3)適用関係

令和7年4月1日以後に開始する事業年度から適用されます。

外形標準課税の見直し（減資対応）の概要

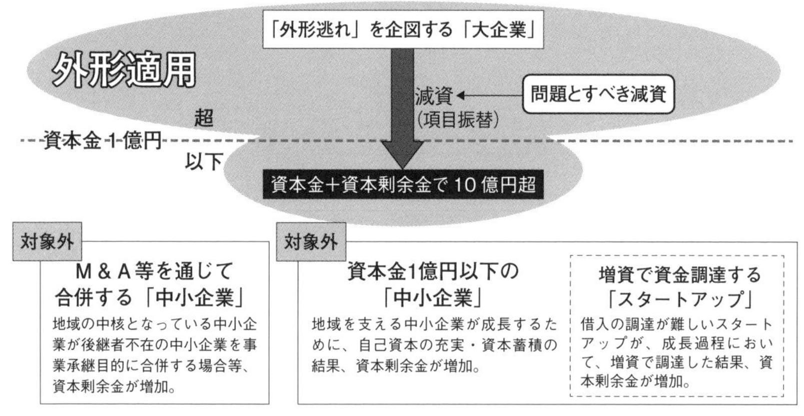

（出典：経済産業省「令和6年度（2024年度）経済産業関係 税制改正について」）

B 大企業の100％子法人等への対応

(1) 外形標準課税の対象拡大

大企業の100％子法人等で払込資本（資本金と資本剰余金の合計額）が2億円超の法人が対象に追加されました。

特定法人の100％子法人等のうち、当該事業年度末日の資本金が1億円以下で、資本金と資本剰余金の合計額（公布日以後に、当該100％子法人等がその100％親法人等に対して資本剰余金から配当を行った場合においては、当該配当に相当する額を加算した金額）が2億円を超えるものは、外形標準課税の対象とされます。

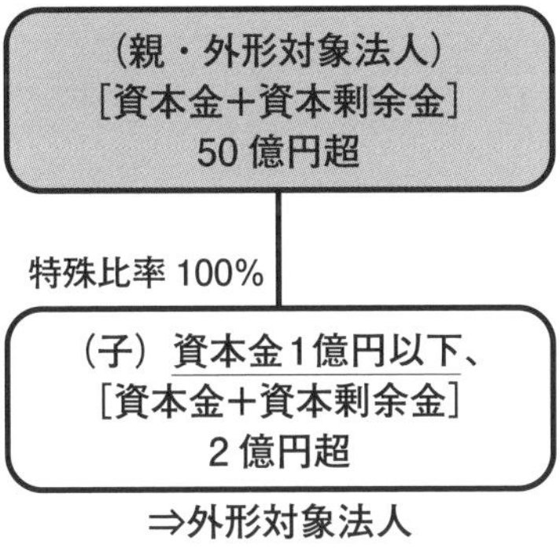

（親・外形対象法人）
［資本金＋資本剰余金］
50億円超

特殊比率100％

（子）資本金1億円以下、
［資本金＋資本剰余金］
2億円超

⇒外形対象法人

（総務省「令和6年度地方税制改正（案）について」）

(2) 特定法人

資本金と資本剰余金の合計額が50億円を超える法人※または相互会社・外国相互会社をいいます。

※当該法人が非課税または所得割のみで課税される法人等である場合を除く。

(3) 100％子法人等

特定法人との間に当該特定法人による法人税法に規定する完全支配関係がある法人および100％グループ内の複数の特定法人に発行済株式等の全部を保有されている法人をいいます。

(4)適用除外

産業競争力強化法の改正を前提に、令和9年3月31日までの間に同法の特別事業再編計画の認定を受けた認定特別事業再編事業者が、当該認定を受けた計画に従って行う一定の特別事業再編のための措置として他の法人の株式等の取得、株式交付または株式交換を通じて当該他の法人を買収し、その買収（一定のものに限る）の日以降も引き続き株式等を有している場合には、当該他の法人（当該認定特別事業再編事業者が当該計画の認定を受ける前5年以内に買収した法人を含む。以下「他の法人等」という）が行う事業に対する法人事業税については、当該買収の日の属する事業年度からその買収の日以後5年を経過する日の属する事業年度までの各事業年度においては、外形標準課税の対象外とされます。

ただし、当該他の法人等が、現行基準（資本金1億円超）または**A減資への対応**により外形標準課税の対象である場合は、特例措置の対象から除外されます。

(5)経過措置

上記により、新たに外形標準課税の対象となる法人について、外形標準課税の対象となったことにより、従来の課税方式で計算した税額を超えることとなる額のうち、次に定める額を、当該事業年度に係る法人事業税額から控除する措置が講じられます。

①令和8年4月1日から令和9年3月31日までの間に開始する事業年度
　➡当該超える額に3分の2の割合を乗じた額

②令和9年4月1日から令和10年3月31日までの間に開始する事業年度
　➡当該超える額に3分の1の割合を乗じた額

(6)適用関係

令和8年4月1日以後に開始する事業年度から適用されます。

外形標準課税の見直し（分社化等への対応）の概要

✓**産業競争力強化法**の改正を前提に、同法の**特別事業再編計画（仮称）に基づき行われるM&Aにより100%子法人等となった法人**について、**5年間、外形対象外とする特例措置**を設ける。
✓本改正により新たに外形対象となる法人について、**外形対象となったことにより従来の課税方式で計算した税額を超えることとなる額を、施行日以後に開始する事業年度の1年目に2/3、2年目に1/3軽減**。
✓**2年間の猶予期間を設け、令和8年4月1日施行予定**。

外形標準課税の対象となる子法人

「資本金＋資本剰余金」50億円超の大規模法人
（外形対象外である中小企業を除く）

100%子法人等
（完全支配関係がある場合）

「資本金＋資本剰余金」2億円超の
中小企業は新たに外形対象

産業競争力強化法における対象除外措置

地域の中核となり、成長を目指す「中堅・中小企業」が、
M&Aにより中小企業を子会社化し、グループ一体での
成長を遂げていくケース

産業競争力強化法の計画認定を受けた場合

既存の100%子法人等も含め、
5年間は外形対象外

（出典：経済産業省「令和6年度（2024年度）経済産業関係 税制改正について」）

（参考）持株会社化と外形標準課税の対象範囲の関係

○持株会社化・分社化によって、資本金1億円以下の子会社を設立した場合、組織再編の前後で企業グループ全体の姿はほとんど変わっていないにもかかわらず、外形標準課税の対象範囲が縮小。

X社（事業部型）

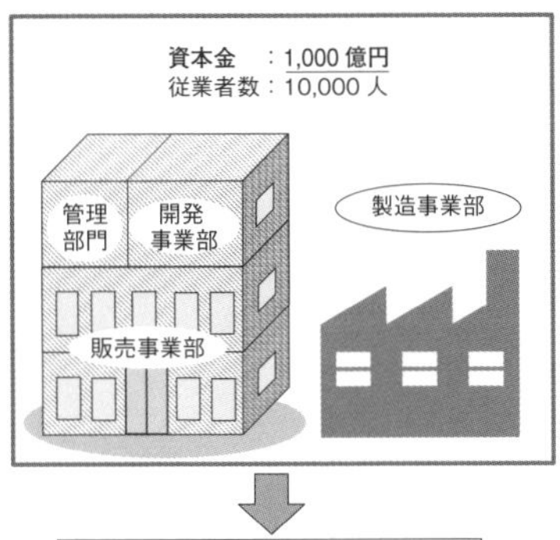

X社全体が外形標準課税の対象
（従業者 10,000人）

Y社（持株会社型）

〔Y㈱、Y販売㈱、Y製造㈱は、Yホールディングス㈱の100%子会社〕

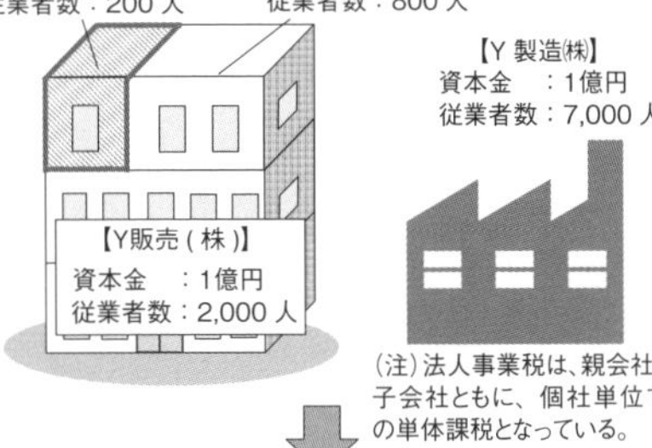

（注）法人事業税は、親会社、子会社ともに、個社単位での単体課税となっている。

Yホールディングス社のみが外形標準課税の対象
（従業者 200人）

（出典：総務省「第7回 地方法人課税に関する検討会」）

13 生産方式革新事業活動用資産の特別償却制度（スマート農業技術等を活用した生産性の高い食料供給体制の確立に向けた税制）の創設

POINT!

■スマート農業技術等の研究開発・実用化を推進

■スマート農業技術に適合した生産・流通・販売方式の見直し推進

措法11の5、44の5、措令6の2の3、28の8

解説

農業者数が大きく減少することが見込まれている状況下において、生産水準が維持できる生産性の高い食料供給体制の確立のためには、スマート農業技術の現場導入を一層加速することが不可欠です。

このため、スマート農業技術等の研究開発・実用化と、スマート農業技術の活用とこれに適合するための生産・流通・販売方式の見直しを一体的に推進するため、スマート農業技術等を活用した生産性の高い食料供給体制の確立に向けた税制が創設されます。

(1)対象企業

青色申告書を提出する企業で「農業の生産性の向上のためのスマート農業技術の活用の促進に関する法律」の生産方式革新実施計画の認定を受けた農業者等または生産方式革新実施計画の認定を受けた農業者等の同法の生産方式革新事業活動の促進に資する措置としてその計画に記載されたもの（「促進措置」）を行う同法のスマート農業技術活用サービス事業者もしくは食品等事業者が対象です。

(2)対象資産の取得・供用

適用期間内に、生産方式革新事業活動用資産等の取得等をして、その法人の生産方式革新事業活動（スマート農業技術活用サービス事業者または食品等事業者にあっては、その促進措置）の用に供した場合に適用されます。

(3)生産方式革新事業活動用資産等

「生産方式革新事業活動用資産等」とは、生産方式革新実施計画の認定を受けた農業者等、または生産方式革新事業活動の促進に資する措置としてその計画に記載された促進措置を行う同法のスマート農業技術活用サービス事業者もしくは食品等事業者であるものが取得をした、生産方式革新事業活動等の用に供する機械その他の減価償却資産のうち一定の基準に適合するものをいいます。

(4)適合基準

①認定生産方式革新実施計画に記載されたその農業者等が行う生産方式革新事業活動の用に供する設備等の減価償却資産で次のものをいいます。

1) その生産方式革新事業活動による取組みの過半がスマート農業技術の効果の発揮に必要となるほ場の形状、栽培の方法または品種の転換等の取組みであること等の要件を満たす生産方式革新事業活動の用に供されるものであること

2) 次のいずれかに該当する減価償却資産であること

イ　スマート農業技術を組み込んだ機械装置のうち7年以内に販売されたもの

ロ　上記イと一体的に導入された機械装置、器具備品、建物等および構築物のうちスマート農業技術の効果の発揮に必要不可欠なもの

②認定生産方式革新実施計画に記載された生産方式革新事業活動の促進に資する措置の用に供する設備等の減価償却資産

1) その認定生産方式革新実施計画に記載された生産方式革新事業活動について、その取組みに係る作付面積または売上高が認定を受けた農業者等の行う農業に係る総作付面積または総売上高のおおむね80%以上を占めること等の要件を満たすこと

2) その取得予定価額が前事業年度における減価償却費の額の10%以上であること等の要件を満たす設備等を構成する減価償却資産のうち次のものに該当すること

イ　認定生産方式革新実施計画に記載された生産方式革新事業活動を行う農業者等に対して供給する一定のスマート

農業技術活用サービス（農業者等の委託を受けて行う農作業に限る）に専ら供される上記① 2）の減価償却資産で、は種、移植または収穫用のもの

ロ　認定生産方式革新実施計画に記載された生産方式革新事業活動の実施により生産された農産物の選別、調製等の作業を代替して行う一定の農産物等の新たな製造、加工、流通または販売の方式の導入を図るための取組みに専ら供される減価償却資産で、農産物の洗浄、選別等の作業用のもの

(5)特別償却

①認定生産方式革新実施計画に記載されたその農業者等が行う生産方式革新事業活動の用に供する設備等を構成する機械装置、器具備品、建物等および構築物については、32%（建物等および構築物については16%）の特別償却ができます。

②認定生産方式革新実施計画に記載された生産方式革新事業活動の促進に資する措置の用に供する設備等を構成する機械装置については、25%の特別償却ができます。

(6)中小企業経営強化税制との関連

中小企業経営強化税制について、対象資産のうち遠隔操作、可視化または自動制御化に関する投資計画に記載された投資の目的を達成するために必要不可欠な設備（デジタル化設備）から次の設備が除外されます。

①生産方式革新実施計画の認定を受けた農業者等（その農業者等が団体である場合におけるその構成員等を含む。以下同じ）が取得等をする農業の用に供される設備

②生産方式革新実施計画の認定を受けた農業者等に係るスマート農業技術活用サービス事業者が取得等をする農業者等の委託を受けて農作業を行う事業の用に供される設備

(7)適用関係

「農業の生産性の向上のためのスマート農業技術の活用の促進に関する法律」の施行日から令和9年3月31日までの間に取得・供用をした場合に適用されます。

14 中小企業倒産防止共済掛金の損金算入制限

POINT!

■中小企業倒産防止共済掛金は累計800万円まで損金算入可能

■不適切な利用が相次いだことから、脱退後２年間の支払掛金は損金算入不可に

措法28、66の11

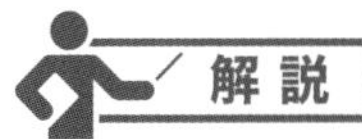

(1)損金算入制限

令和6年度税制改正により、中小企業倒産防止共済事業に係る措置について、中小企業倒産防止共済法の共済契約の解除があった後同法の共済契約を締結した場合には、その解除の日から同日以後2年を経過する日までの間に支出する当該共済契約に係る掛金については、損金算入ができないこととされます。(所得税についても同様)

中小企業倒産防止共済法の共済契約の解除があった後同法の共済契約を締結した場合

その解除の日から同日以後２年を経過する日までの間に支出する当該共済契約に係る掛金について

本特例の適用ができないこととする

(2)適用関係

令和6年10月1日以後の共済契約の解除について適用されます。

任意解約による脱退状況（令和４年度）

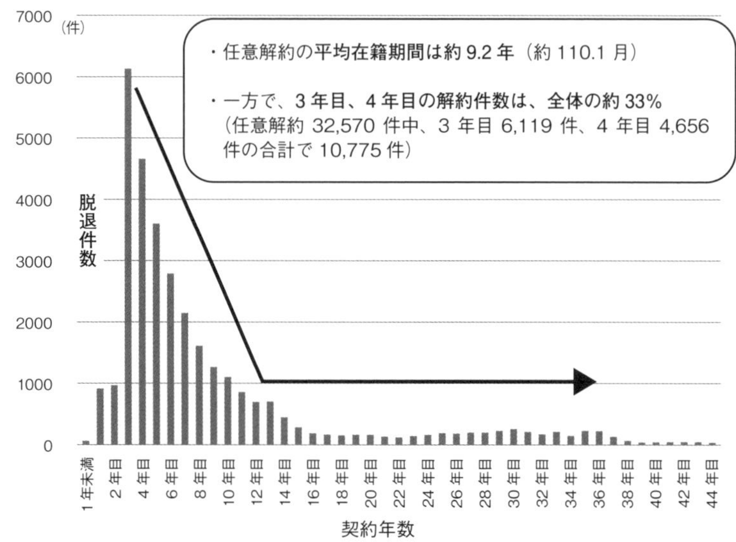

（出典：中小企業庁「中小企業倒産防止共済制度の不適切な利用への対応について（令和６年１月）」）

短期間で繰り返される脱退・再加入

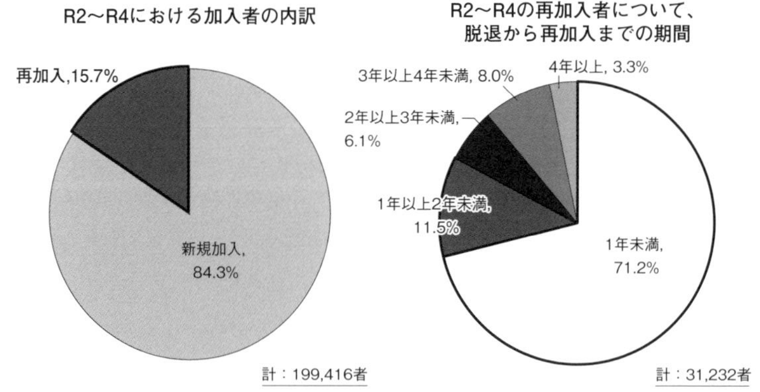

（出典：中小企業庁「中小企業倒産防止共済制度の不適切な利用への対応について（令和６年１月）」）

15 認定特別事業再編計画に基づく登記の登録免許税の軽減措置の創設

POINT!

■特別事業再編計画に基づき行う登記に対する登録免許税が軽減

■合併分割などの登記手続きが対象

措法80、措令42の6、措規30の2

解説

産業競争力強化法の改正を前提に、同法に規定する特別事業再編計画の認定（同法の改正法の施行の日から令和9年3月31日までの間にされたものに限る）を受けた特別事業再編事業者のうち一定のものが、その特別事業再編計画に基づき行う次に掲げる登記に対する登録免許税の税率を軽減する措置が講じられます。

登記の種類		通常の税率	特例
合併		0.15%	0.1%
（資本金が増加する場合の合併）		0.7%	0.15%
分割による設立または資本金の増加		0.7%	0.3%
不動産の所有権の取得	土地	2.0%	1.2%
	建物	2.0%	1.2%
船舶の所有権の取得	船舶	2.8%	1.8%
合併時	不動産	0.4%	0.1%
	船舶	0.4%	0.2%
分割時	不動産	2.0%	0.1%
	船舶	2.8%	1.8%

16 その他の法人税関係の改正

解 説

(1) 中小企業者等以外の法人の欠損金の繰戻し還付不適用措置の延長

措法66の12

令和8年3月31日までに終了する事業年度まで2年延長されます。

(2) 倉庫用建物等の割増償却の延長

措法15、48、措令29の3、措規6の2、20の22

特定流通業務施設の設備要件の見直しおよび特定流通業務施設の証明された事業年度のみに適用されるなど一定の見直しがなされた上で、令和8年3月31日までに終了する事業年度まで2年延長されます。

(3) 海外投資等損失準備金制度の延長

措法55

海外投資等損失準備金制度の適用期限が2年延長されます。

(4) 食料・農林水産業グリーン化税制（環境負荷低減事業活動用資産等の特別償却制度）の見直し・延長

措法11の4、44の4、措令6の2の2、28の7、措規5の12の5

対象資産および添付書類の一定の見直しがなされた上で、令和8年3月31日までに終了する事業年度まで2年延長されます。

(5) 農林水産物・食品の輸出拡大税制（輸出事業用資産の割増償却制度）の見直し・延長

措法13、46、措令6の6、29

輸出事業用資産の範囲の見直しがなされた上で、令和8年3月31日までに終了する事業年度まで2年延長されます。

(6) 地域未来投資促進税制（地域経済牽引事業投資促進税制）の改正

措法10の4、42の11の2、措令5の5の2、27の11の2

対象企業や税額控除率、労働生産性伸び率要件など一定の見直しがなされます。

(7)地方拠点強化税制の改正・延長

措法10の4の2、10の5、42の11の3、42の12、措令5の5の2、27の11の3

保育施設等の育児関連施設を対象に追加するなどの一定の見直しがなされた上で、令和8年3月31日までに終了する事業年度まで2年延長されます。

(8)カーボンニュートラル投資促進税制の見直し・延長

措法10の5の6、42の12の7、措令5の6の6、27の12の7

対象資産の除外など一定の見直しがなされた上で、令和8年3月31日までに事業適応計画の認定を受けた法人がその認定を受けた日から3年以内に対象資産を取得・供用した場合に、最大5年延長されます。

（注）令和6年4月1日前に認定の申請をした事業適応計画に従って同日以後に取得等をする資産については、本制度を適用されません。

(9)適格現物出資の見直し

法法2、法令1、4の3、法令附2

適格現物出資の範囲および該当性判定などの一定の見直しがなされます。令和6年10月1日以後に行われる現物出資について適用されます。

(10)認定経営力向上計画に従って譲渡を受ける一定の不動産の不動産取得税の軽減措置の延長

令和8年3月31日まで2年延長されます。

(11)認定経営力向上計画に基づく登録免許税の軽減措置の廃止

旧措法80の2

令和6年3月31日の期限到来をもって廃止されます。

(12)特定創業支援等事業による支援を受けて行う会社の設立の登記に対する登録免許税の税率の軽減措置の延長

措法80

適用対象となる登記の範囲から合名会社および合資会社の設立登記を除外した上で、適用期限が令和9年3月31日まで3年延長されます。

（参考）与党税制改正大綱における検討事項

（1）法人税率引上げの方向性

わが国の法人税率は、これまで約40年間にわたって段階的に引き下げられ、現在の法人税率は、最高時より20％ポイント程度低い23.2％（実効税率ベースでは29.74％）となっている。こうした中で、わが国の法人税収は、足下の企業収益の伸びに比して緩やかな伸びとなっており、法人税の税収力が低下している状況にある。こうした状況に鑑みれば、令和4年度税制改正大綱において指摘した通り、近年の累次の法人税改革は意図した成果を上げてこなかったと言わざるを得ない。

こうしたメリハリ付けの観点とともに、財源の確保も重要である。巨額の財政赤字を抱えるわが国において、海外の制度を例に倣う際には、単に減税施策のみを模倣するのではなく、しっかりとした財源措置も同時に行うべきである。実際に、他の主要国では、大型の投資減税など企業行動の変容を促す減税措置を講ずる一方で、米国インフレ抑制法による大企業への15％の最低課税や自社株買い課税等による財政赤字削減、英国における法人税本則税率の引上げや欧州諸国における石油・ガス会社への課税など、しっかりとしたメリハリ付けや財源確保の取組みが行われているところである。OECD／G20「BEPS（注）包摂的枠組み」においてまとめられた「第2の柱」の取組みが進み、世界の法人税の引下げに係る、いわゆる「底辺への競争」(Race to the bottom）に一定の歯止めがかかるようになった中、賃上げや投資に消極的な企業に大胆な改革を促し、減税措置の実効性を高める観点からも、レベニュー・ニュートラルの観点からも、今後、法人税率の引上げも視野に入れた検討が必要である。

（注）Base Erosion and Profit Shifting：税源浸食と利益移転

（2）国際課税制度の改正

国内ミニマム課税（QDMTT：Qualified Domestic Minimum Top-up Tax）を含め、OECDにおいて来年以降も引き続き実施細目が議論される見込みであるもの等については、国際的な議論を踏まえ、令和7年度税制改正以降の法制化を検討する。

「第2の柱」の導入により対象企業に追加的な事務負担が生じること等を踏まえ、令和5年度税制改正に引き続き、外国子会社合算税制について可能な範囲で追加的な見直しを行うとともに、令和7年度税制改正以降に見込まれる更なる「第2の柱」の法制化を踏まえて、必要な見直しを検討する。

「第1の柱」については、多数国間条約の早期署名に向けて、引き続き国際的な議論に積極的に貢献することが重要である。今後策定される多数国間条約等の規定を基に、わが国が市場国として新たに配分される課税権に係る課税のあり方、地方公共団体に対して課税権が認められることとなる場合の課税のあり方、条約上求められる二重課税除去のあり方等について、国・地方の法人課税制度を念頭に置いて検討する。

(3) 外形標準課税の再度の見直しの方向性

今後の外形標準課税の適用対象法人のあり方については、地域経済・企業経営への影響も踏まえながら引き続き慎重に検討を行う。

(出典：自由民主党・公明党「令和6年度税制改正大綱」)

第2章

国際課税の改正

この数年間の税制改正において、OECD「BEPS（Base Erosion and Profit Shifting：税源浸食と利益移転）プロジェクト」に基づきさまざまな改正が行われてきました。

本年度の税制改正では、昨年に引き続き2021年10月のOECD／G20「BEPS包摂的枠組み」において国際的な合意がまとめられた「2つの柱」に基づきグローバル・ミニマム課税の改正が行われており、今後の税制改正でさらなる改正が予定されています。

また、外国子会社合算税制や過大支払利子税制、子会社株式簿価減額特例なども見直されています。

1 グローバル・ミニマム課税制度の見直し

POINT!

■グローバル・ミニマム課税の所得合算ルール（IIR）が見直される

■軽課税所得ルール（UTPR）、国内ミニマム課税（QDMTT）については来年度以降の改正が予定されている

法法2，6の2，15の2、82、82の2〜9、150の3、法令141、155の4〜55、措令25の20、39の15、39の17の2、措規22の11の3

解説

2021年10月にOECD／G20「BEPS（注）包摂的枠組み」において、経済のデジタル化に伴う課税上の課題への解決策に関する国際的な合意がまとめられました。本国際合意は、市場国への新たな課税権の配分（「第1の柱」）とグローバル・ミニマム課税（「第2の柱」）の2つの柱からなり、そのうち第2の柱の一部、所得合算ルール（IIR）は令和5年度税制改正で法制化されました。令和6年度税制改正では、このIIRについて見直され、本格的な制度改正は令和7年度税制改正以降での法制化が予定されています。

（注）Base Erosion and Profit Shifting：税源浸食と利益移転

(1)経済のデジタル化に伴う課税上の課題

①インターネットの発展により、市場国に恒久的施設（PE：Permanent Establishment）を置かずにビジネスを行う企業が増加したことで、これまでの国際課税原則（PEなければ課税なし）に基づいた場合に、市場国で課税が行えていない現状があります。

②また、低い法人税率や優遇税制による外国企業を誘致する国や地域の増加により、各国の法人税収基盤が弱体化してきました。

国際課税ルールの見直しを巡る国際動向

- 2021年10月にOECD/G20を中心としたBEPS包摂的枠組み会合（約140カ国）において、**①市場国への新たな課税権の配分、②グローバル・ミニマム課税**について、最終合意が実現。
  ※①市場国への新たな課税権の配分は多数国間条約を締結。②グローバル・ミニマム課税は、各国国内法の改正によって実施。
- ①は、2023年10月に多数国間条約案が公表。早期署名が目標。
  ※多数国間条約案はOECD/G20を中心としたBEPS包摂的枠組みにより、2023年10月11日に公表された。
- **②は、最終合意後、各国で国内法制化が進展。わが国では、令和5年度および令和6年度税制改正にて、一部法制化済み。**今後OECDで議論される事項は**令和7年度税制改正以降の法制化を検討する**ことが税制改正大綱に明記。

①市場国への新たな課税権の配分(利益A)	市場国に支店等の物理的拠点を持たずとも、一定の売上がある場合は、市場国に課税権を配分する
①全世界売上高200億ユーロ（約3兆円）超かつ利益率10%超※ ※採掘産業、規制された金融サービス、防衛産業、国内事業中心の企業は除外 ②超過利益（利益率10%を超える部分）のうち25%を、市場国に対し、売上に応じて定式的に配分 ③英仏等の一部の国で導入済みの独自措置は廃止する方向 等	

②グローバル・ミニマム課税	一定の規模以上の多国籍企業を対象に、各国ごとに最低税率（15%）以上の課税を確保する仕組み
①最低税率は15% ②課税対象となるのは、年間総収入金額が7.5億ユーロ（約1,200億円）以上 ※年間総収入金額が1,000億円以上の日本所在の多国籍企業（国別報告事項（CbCR）の提出対象）は901グループ（令和3年7月～令和4年6月実績（令和5年1月国税庁発表）） ③対象所得から、有形資産簿価と支払給与の5%を除外（導入当初は経過措置あり）等	

（出典：経済産業省「令和6年度（2024年度）経済産業関係 税制改正について」）

(2)第1の柱：市場国への新たな課税権の配分

大規模な多国籍グループの利益率10%を超える超過利益の25%を市場国に配分するとされており、多数国間条約の2025年中の発効を目標に各国間で議論されることになっています。

(3)第2の柱：グローバル・ミニマム課税の導入

全ての多国籍企業グループが最低限の法人税負担をすることを確保する仕組みです。年間総収入金額が7.5億ユーロ以上の多国籍企業が対象となります。令和5年度税制改正で、下記①の所得合算ルール（IIR）が法制化され、令和6年度税制改正で一部見直しされることとなりました。

次の②軽課税所得ルール（UTPR）と③国内ミニマム課税（QDMTT）

については、令和7年度税制改正以降の法制化を検討するとされました。

①所得合算ルール（IIR：Income Inclusion Rule）
軽課税国にある子会社等の税負担が最低税率（15%）に至るまで親会社の国で課税されます。

②軽課税所得ルール（UTPR：Undertaxed Payment Rule）
軽課税国にある親会社等の税負担が最低税率（15%）に至るまで子会社等の国で課税されます。

③国内ミニマム課税（QDMTT：Qualified Domestic Minimum Top - up Tax）
自国に所在する事業体の税負担が最低税率（15%）に至るまで課税されます。

グローバル・ミニマム課税の全体像

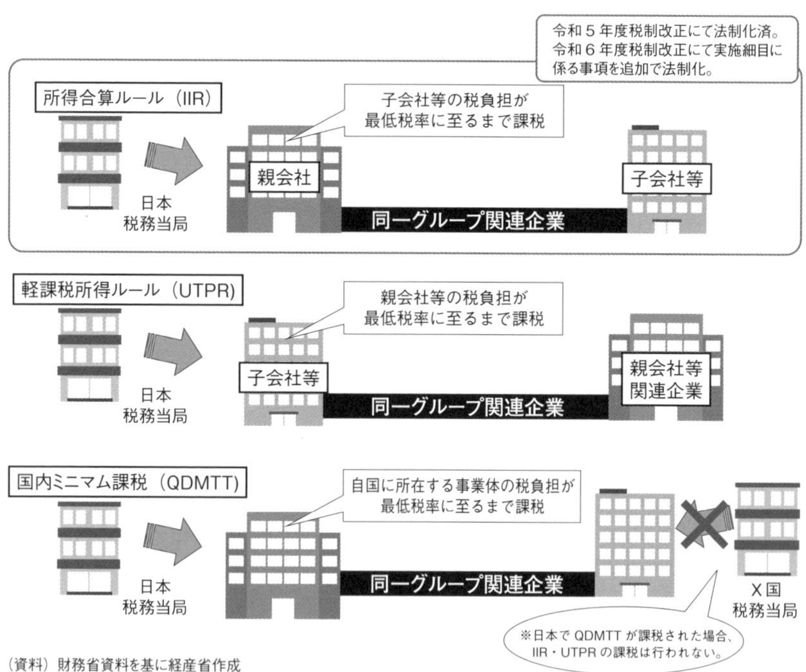

（出典：経済産業省「令和6年度（2024年度）経済産業関係 税制改正について」）

(4)国際最低課税額に対する法人税等（改正前の制度）

グローバル・ミニマム課税への対応として、国際最低課税額に対する法人税ならびに地方法人税が課されています。

①納税義務者

内国法人（公共法人を除く）

②課税の範囲

特定多国籍企業グループ等に属する内国法人に対して、各対象会計年度の国際最低課税額について、各対象会計年度の国際最低課税額に対する法人税等が課されます。

③特定多国籍企業グループ等

多国籍企業グループ等に該当する次に掲げる企業グループ等で、各対象会計年度の直前の4対象会計年度のうち2以上の年度の総収入金額が7億5,000万ユーロ相当額以上であるものが対象です。

イ　連結財務諸表等に財産および損益の状況が連結して記載される会社等および連結の範囲から除外される一定の会社等に係る企業集団のうち、最終親会社（他の会社等の支配持分を直接または間接に有する会社等（他の会社等がその支配持分を直接または間接に有しないものに限る）をいう）に係るもの

ロ　会社等（上記イに掲げる企業集団に属する会社等を除く）のうち、その会社等の恒久的施設等の所在地国がその会社等の所在地国以外の国または地域であるもの

④多国籍企業グループ等

イ　前記③イの企業グループ等に属する会社等の所在地国（その会社等の恒久的施設等がある場合には、その恒久的施設等の所在地国を含む）が2以上ある場合のその企業グループ等その他これに準ずるもの

ロ　上記③ロの企業グループ等

⑤税額の計算

1）国税

各対象会計年度の国際最低課税額に対する法人税の額は、各対象会計年度の国際最低課税額（課税標準）に100分の90.7の税率を乗じて計算した金額とされています。

2）地方税

特定基準法人税額※に対する地方法人税の額は、各課税対象会計年度の特定基準法人税額（課税標準）に907分の93の税率を乗じて計算した金額とされています。

※特定基準法人税額は、各対象会計年度の国際最低課税額に対する法人税の額とされ、附帯税の額は除かれます。

⑥課税標準（国際最低課税額）

内国法人が属する特定多国籍企業グループ等の「グループ国際最低課税額」のうち、その特定多国籍企業グループ等に属する他の構成会社等に配賦（はいふ）される「会社等別国際最低課税額」に対して、内国法人の所有持分等を勘案して計算した帰属割合を乗じて計算した金額の合計額に課税されます。

⑦グループ国際最低課税額

「（A）構成会社等に係るグループ国際最低課税額」＋「（B）共同支配会社等に係るグループ国際最低課税額」で計算されます。

以下、「（A）構成会社等に係るグループ国際最低課税額」の計算について解説します。（（B）は基本的に（A）と同様に計算されます）

【「（A）構成会社等に係るグループ国際最低課税額」の計算方法】

1）構成会社等の所在地国における国別実効税率が15％（基準税率）を下回り、かつ、その所在地国に係る国別グループ純所得の金額がある場合

グループ国際最低課税額＝イ＋ロ＋ハ－ニ

イ　その所在地国に係る当期国別国際最低課税額

＝（国別グループ純所得の金額（a）－実質ベースの所得除外額（b））×（15％－国別実効税率（c））

（a）国別グループ純所得の金額

＝その所在地国の全ての構成会社等に係る個別計算所得金額の合計額－個別計算損失金額の合計額

（b）給与等の5％と有形固定資産等の額の5％の合計額（各割合について一定の経過措置あり）

(c) 国別実効税率

$$=\frac{\text{その所在地国の全ての構成会社等の調整後対象租税額の合計額}}{\text{国別グループ純所得の金額}}$$

ロ　その所在地国に係る再計算国別国際最低課税額

ハ　その所在地国に係る未分配所得国際最低課税額

ニ　その所在地国に係る自国内国際最低課税額に係る税の額

2) 構成会社等の所在地国における国別実効税率が基準税率以上である場合、または所在地国に係る国別グループ純所得の金額がない場合

グループ国際最低課税額＝ロ＋ハ－ニ（一定の調整を加えて計算）

⑧会社等別国際最低課税額

以下の算式で計算されます。

$$\text{グループ国際最低課税額}\times\frac{\text{構成会社等の個別計算所得金額}}{\text{全ての構成会社等の個別計算所得金額の合計額}}$$

⑨申告および納付等

イ　特定多国籍企業グループ等に属する内国法人の各対象会計年度の国際最低課税額に対する法人税等の申告および納付は、各対象会計年度終了の日の翌日から1年3カ月（一定の場合には、1年6カ月）以内に行うものとする。ただし、当該対象会計年度の国際最低課税額（課税標準）がない場合は、当該申告を要しません。

ロ　電子申告の特例等については、各事業年度の所得に対する法人税等と同様とし、その他所要の措置が講じられます。

⑩その他

質問検査、罰則等については、各事業年度の所得に対する法人税と同様とし、その他所要の措置が講じられます。

用語一覧

特定多国籍企業グループ等	多国籍企業グループ等で、各対象会計年度の直前の4対象会計年度のうち、2以上の対象会計年度の総収入金額が7億5,000万ユーロ相当額以上であるもの
多国籍企業グループ等	企業グループ等に属する会社等の所在地国（PEがある場合にはPEの所在地国を含む）が2以上ある場合のその企業グループ等
企業グループ等	・連結財務諸表等に財産および損益の状況が連結して記載される会社等 ・連結の範囲から除外される一定の会社等に係る企業集団のうち、最終親会社に係るもの ・会社等のうち、その会社等の恒久的施設等の所在地国がその会社等の所在地国以外の国または地域であるもの
構成会社等	企業グループ等に属する会社等、それらのPE
共同支配会社等	最終親会社等の連結財務諸表において持分法が適用される会社等で、その最終親会社等が直接または間接に有する所有持分の割合が50%以上であるもの。それらの会社等の連結財務諸表等にその財産および損益の状況が連結して記載される会社等。それらの会社等のPE

所得合算ルール（IIR）のイメージ

軽課税国に所在する子会社等の税負担が国際的に合意された最低税率（15%）に至るまで、親会社の所在する国において課税を行う制度

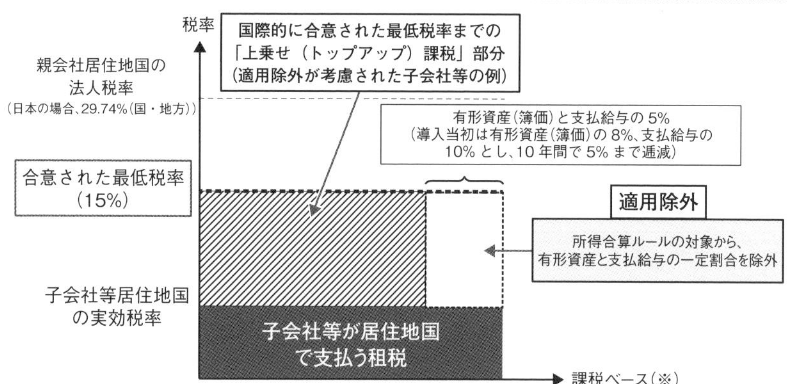

（※）所得合算ルールの課税ベースは、調整された財務諸表の税引前利益を使用

（令和5年政府税制調査会資料）

(5)国際最低課税額に対する法人税等の見直し

令和6年度税制改正により、所得合算ルール（IIR）が一部改正されました。軽課税所得ルール（UTPR）等については来年度以降OECDの議論を踏まえ改正が検討されています。

①構成会社等がその所在地国において一定の要件を満たす自国内最低課税額に係る税を課することとされている場合には、その所在地国に係るグループ国際最低課税額をゼロとする適用免除基準が設けられます。

②無国籍構成会社等が自国内最低課税額に係る税を課されている場合には、グループ国際最低課税額の計算においてその税の額が控除されます。

③個別計算所得等の金額から除外される一定の所有持分の時価評価損益等について、特定多国籍企業グループ等に係る国または地域単位の選択により、個別計算所得等の金額に含められます。

④導管会社等に対する所有持分を有することにより適用を受けることができる税額控除の額（一定の要件を満たすものに限る）について、特定多国籍企業グループ等に係る国または地域単位の選択により、調整後対象租税額に加算されます。

⑤特定多国籍企業グループ等報告事項等の提供制度について、特定多国籍企業グループ等報告事項等が、提供義務者の区分に応じて必要な事項等に見直されます。

⑥外国税額控除について、次の見直しが行われます。

1）次に掲げる外国における税について、外国税額控除の対象から除外されます。

イ　各対象会計年度の国際最低課税額に対する法人税に相当する税

ロ　外国を所在地国とする特定多国籍企業グループ等に属する構成会社等に対して課される税（グループ国際最低課税額に相当する金額のうち各対象会計年度の国際最低課税額に対する法人税に相当する税の課税標準とされる金額以外の金額を基礎として計算される金額を課税標準とするものに限る）またはこれに相当する税

2）自国内最低課税額に係る税について、外国税額控除の対象とされます。

⑦その他所要の措置が講じられます。

(6)情報申告制度（現行制度）

①特定多国籍企業グループ等に属する構成会社等である内国法人は、特定多国籍企業グループ等に属する構成会社等の名称、その構成会社等の所在地国ごとの国別実効税率、その特定多国籍企業グループ等のグループ国際最低課税額その他必要な事項等（特定多国籍企業グループ等報告事項等）を、各対象会計年度終了の日の翌日から1年3カ月（一定の場合には、1年6カ月）以内に、e-Taxにより、納税地の所轄税務署長に提供しなければなりません。

②特定多国籍企業グループ等報告事項等の不提供および虚偽報告に対する罰則があります。

(7)適用関係

内国法人の令和6年4月1日以後に開始する対象会計年度から適用されています。

諸外国における法人実効税率の比較

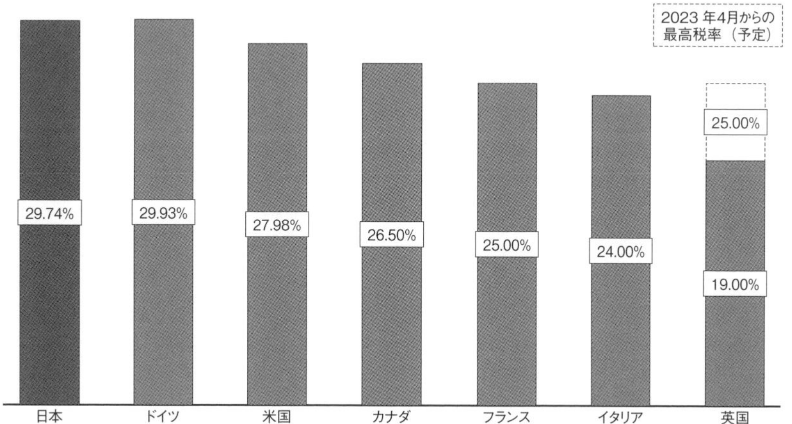

(注1) 法人所得に対する税率（国税・地方税)。地方税は、日本は標準税率、ドイツは全国平均、米国はカリフォルニア州、カナダはオンタリオ州。
なお、法人所得に対する税負担の一部が損金算入される場合は、その調整後の税率を表示。

(注2) 日本においては、2015 年度・2016 年度において、成長志向の法人税改革を実施し、税率を段階的に引き下げ、34.62%（2014年度（改革前))
→32.11%（2015年度)、29.97%（2016・2017年度）→29.74%（2018年度～）となっている。

(注3) 英国について、引上げ後の最高税率（25%）は、拡張利益（※）25万ポンド（4,200万円）超の企業に適用（現行は一律19%)。なお、拡張利益25万ポンド以下では計算式に基づき税率が逓減し、5万ポンド（840万円）以下は19%に据え置き。※拡張利益とは、課税対象となる利益に加えて他の会社（子会社等を除く）から受け取った適格な配当を含む額のことを指す。

(備考) 邦貨換算レートは、1ポンド＝168円（裁定外国為替相場：令和5年（2023年）1月中適用)。

(出典) 各国政府資料

（出所：財務省ウェブサイト）

2 外国子会社合算税制の見直し

POINT!

■グローバル・ミニマム課税の導入によりペーパー・カンパニーの確認対象要件を簡素化

措法40の4～40の9、66の6～66の9の5、措令25の19の3、39の14の3、措規22の11

解説

グローバル・ミニマム課税の導入に伴い、これに類似する外国子会社合算税制が簡素化され、これにより企業の事務負担が軽減されることになります。

(1)収入割合要件に係る判定基準の見直し

ペーパー・カンパニー特例に係る収入割合要件について、外国関係会社の事業年度に係る収入等がない場合には、その事業年度における収入割合要件の判定が不要とされます。

(2)適用関係

内国法人の令和6年4月1日以後に開始する事業年度について適用されます。

外国子会社合算課税の見直しの方向性

●外国子会社を利用した租税回避の防止を目的とした**外国子会社合算税制（CFC 税制）については、グローバル・ミニマム課税の導入に伴い、産業界から事務負担軽減の要望が大きい**。令和５年度税制改正では、両制度の対象企業に追加的な事務負担が生じること等を踏まえ、CFC 税制の見直しを一部実施した。

●令和６年度税制改正において見込まれるさらなるグローバル・ミニマム課税の法制化を踏まえて、**CFC 税制の更なる簡素化を行い、企業の事務負担を軽減する**。

グローバル・ミニマム課税（全世界売上が7.5億ユーロ（約1,100億円）以上の多国籍企業が対象）

・外国子会社毎に国際ルールに基づき所得、税額を算出し、所在地国単位で実効税率を計算

・軽課税国に所在する外国子会社の税負担が最低税率（15%）を下回る場合、外国子会社の税負担の不足分を、本国で合算課税

事務負担の増加

要望内容	現状の課題	見直し案
①確認対象企業の絞り込み・簡素化	・米国外国関係会社の判定の際には複雑な州税計算を要する等、CFC 税制の対象となるか否かについて確認が必要。	・**確認対象企業の絞り込み・簡素化**を行う。
②経済活動基準の簡素化	・経済活動基準の判定に事務負担が生じている。	・**経済活動基準の判定を一部簡素化**する。
③CFC税制とグローバル・ミニマム課税の申告時期等の関係整理	・CFC 税制において手続き期間が十分に確保されないケースが存在する。 ・グローバル・ミニマム課税の導入に伴い、両制度の申告時期等の実務上の取扱いについて明確化を要する部分がある。	・**両制度で密接に関わる手続き等について、国際的な議論も踏まえつつ簡素化・明確化等**を行う。
④両制度間における情報の利活用	・グローバル・ミニマム課税とCFC 税制それぞれで独立した数値計算等を行う必要がある。	・両制度で**必要となる情報を利活用**する。

（出典：経済産業省「令和６年度税制改正に関する経済産業省要望【概要】」）

3 過大支払利子税制の見直し

POINT!

■過大利子税制の繰越期間が7年から10年に延長

措法66の5の2〜3、68の89の2〜3、措令39の13の3

(1)改正の概要

「過大支払利子税制」の適用により損金不算入とされた金額（超過利子額）の損金算入制度について、令和4年4月1日から令和7年3月31日までの間に開始した事業年度に係る超過利子額の繰越期間が10年（原則：7年）に延長されます。

(2)適用関係

令和6年4月1日以後開始事業年度より適用されます。

4 子会社株式簿価減額特例の見直し

POINT!

■外国子会社からの受取配当等については株式の帳簿価額を調整

■意図的な譲渡損失の創出による租税回避を防止

法法61の2、法令4、119の3、法規27

解説

(1)制度の概要

①帳簿価額修正額

法人が、特定関係子法人から株式等の帳簿価額の10%相当額を超える配当対象金額を受けた場合には、その対象配当金額のうち益金不算入相当額を、その株式等の帳簿価額から引き下げることとされます。

②特定関係子法人（法令119の3⑦）

配当決議日において特定支配関係を有する他の法人のことをいいます。

③特定支配関係

一の者（一の者と特殊の関係のある者を含む）が他の法人の株式等または一定の議決権の数等の50%超を直接または間接に有する場合における当該一の者と他の法人との関係等をいいます。

④対象配当等の額

特定関係子法人から受ける配当等の額が対象です（事業年度開始の日からその受ける直前までに受ける配当等の額を含む）。

⑤益金不算入相当額

受取配当等益金不算入制度等により益金不算入とされる金額に相当する金額のことをいいます（特定支配関係発生日以後の利益剰余金の額から支払われたものと認められる部分の金額がある場合には、その部分の金額を超える金額を益金不算入相当額とすることができる）。

⑥適用除外となる配当等の額

以下の特定関係子法人から受け取る配当等の額は、適用除外とされます。

1) 内国普通法人である特定関係子法人の設立の日から特定支配関係発生日までの間において、内国普通法人等または居住者がその発行済株式の総数等の90％以上を有する場合の対象配当等の額

2)「特定関係子法人の利益剰余金の額」－「特定関係子法人の株主が受ける配当等の総額」≧「特定支配関係発生日の属する特定関係子法人の事業年度開始の日における利益剰余金の額に一定の調整を加えた金額」の場合の対象配当等の額

3) 特定支配関係発生日から10年を経過した日以後の対象配当等の額

4) 2,000万円を超えない場合におけるその対象配当等の額

制度の概要

○法人が外国子会社株式等を取得した後、子会社から配当を非課税(※)で受け取るとともに、配当により時価が下落した子会社株式を譲渡すること等により、譲渡損失を創出させることが可能となっている。

※子会社からの配当は持株比率に応じ一定割合が益金不算入（非課税）。

○これを利用した国際的租税回避に適切に対応する観点から、令和2年度税制改正において、子会社株式簿価減額特例が創設された。

本特例の概要

法人が(1)一定の支配関係にある外国子会社等から(2)一定の配当額（みなし配当金額を含む）を受ける場合、株式等の帳簿価額から、その配当額のうち益金不算入相当額(注)を減額する。

（注）支配関係発生後の利益剰余金から支払われたものと認められる部分の金額を除くことができる。

(1)一定の支配関係にある外国子会社等（対象となる子会社）
→法人（およびその関連者）が株式等の50%超を保有する子会社

※但し、子会社が内国普通法人であり、かつ、設立から支配関係発生までの間において株式等の90%以上を内国普通法人等が保有しているものを除く。

(2)一定の配当額（対象となる配当）
→1事業年度の配当の合計額が株式等の帳簿価額の10%を超える場合の配当の合計額

※ただし、その合計額が①支配関係発生後の利益剰余金の純増額に満たない場合（特定支配日利益剰余金額要件）または②2,000万円を超えない場合を除く。また、③配当の合計額のうち、支配関係発生から10年経過後に受ける配当額を除く（10年超支配要件）。

≪イメージ≫

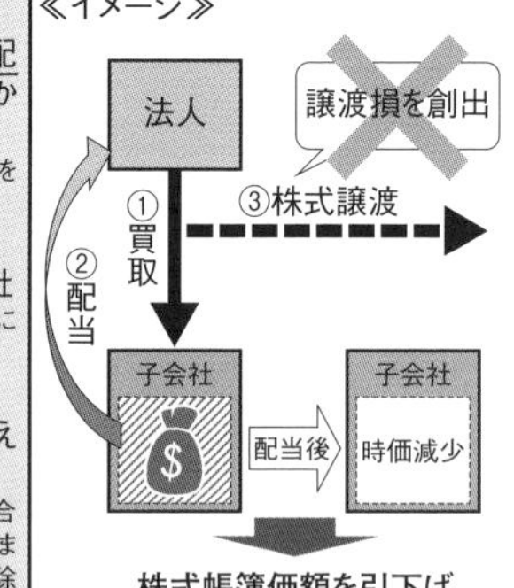

※本特例は、法人が令和２年４月１日以後開始事業年度において受ける配当額について適用する。

（出典：令和５年政府税制調査会資料）

(2)改正の概要

子会社の対象配当等の額に係る決議日等の直前事業年度終了の「翌日」からその対象配当等の額を受けるまでの期間（対象期間）内にその子法人の利益剰余金の額が増加した場合において、対象期間内にその子法人の株主等がその子法人から受ける配当等の額にかかる基準時のいずれかがその「翌日」以後であるときは、直前事業年度の貸借対照表に計上されている利益剰余金の額に、期中増加利益剰余金額を加算することができることとされています。改正により、特定支配関係発生日の属する事業年度内に受けた対象配当金額（その特定支配関係発生日後に受けるものに限る）についても、その特例計算の適用を受けることができることとされました。

(3)適用関係

令和6年4月1日以後に開始する事業年度において受ける対象配当等の額について適用されます。

第３章

消費税・印紙税の改正

消費税に関しては、国際的な課税漏れの観点からプラットフォーム課税が導入されるとともに、国外事業者に対する事業者免税点制度および簡易課税制度の適用を制限するなど、課税の公平性に着目した改正が行われています。

また、租税回避への対応として、免税事業者からの仕入れに関する経過措置、高額特定資産を取得した場合等の納税義務の免除の特例についても見直されています。

そのほか、令和５年10月に開始したインボイス制度について、帳簿の記載事項の見直しや経理処理方法の見直しなど、制度の簡素化が図られています。

印紙税では新型コロナ特別貸付けの印紙税の非課税規定が延長されています。

1 プラットフォーム課税の導入

POINT!

■国外事業者が提供する一般消費者向けのサービスは消費税の課税漏れの可能性が高い

■改正後はプラットフォームを提供する事業者が国外事業者の代わりに消費税を納税することに

消法15の2、消令1、29、消規11の5

解 説

国内外の事業者間における課税の公平性や競争条件の中立性を保する観点から、国外サービス提供者の代わりにプラットフォームを提供する事業者が消費税を納める「プラットフォーム課税」が導入されます。

国外事業者が日本国内の事業者等に役務の提供を行った場合には、「事業者向け電気通信利用役務の提供に係る課税方式（リバースチャージ方式）」により、国内事業者が国外事業者に変わり消費税を納税する仕組みがありますが、これと同様に一般消費者向けの役務の提供にも導入するというものです。

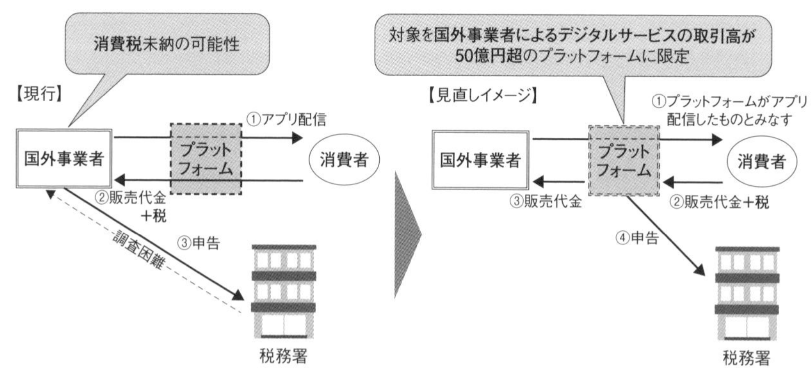

（出典：経済産業省「令和6年度（2024年度）経済産業関係 税制改正について」）

(1)プラットフォーム課税の概要

①国外事業者が行う一定の取引は特定プラットフォーム事業者が行ったものとみなされる

国外事業者がデジタルプラットフォームを介して行う電気通信利用役務の提供（事業者向け電気通信利用役務の提供に該当するものを除く。以下同じ）のうち、特定プラットフォーム事業者を介してその対価を収受するものについては、特定プラットフォーム事業者が行ったものとみなされます。

②特定プラットフォーム事業者

プラットフォーム事業者のその課税期間において上記①の対象となるべき電気通信利用役務の提供に係る対価の額の合計額が50億円を超える場合には、当該プラットフォーム事業者は特定プラットフォーム事業者として、国税庁長官より指定されます。

③届出

上記②の要件に該当する者は、その課税期間に係る確定申告書の提出期限までに、その旨を国税庁長官に届け出なければなりません。

④国税庁長官の通知と特定プラットフォーム事業者の国外事業者に対する通知

国税庁長官は、特定プラットフォーム事業者を指定したときは、当該特定プラットフォーム事業者に対してその旨を通知するとともに、当該特定プラットフォーム事業者に係るデジタルプラットフォームの名称等についてインターネットを通じて速やかに公表するものとし、指定を受けた特定プラットフォーム事業者は、上記①の対象となる国外事業者に対してその旨を通知するものとされます。

⑤明細書の添付

特定プラットフォーム事業者は、確定申告書に上記①の対象となる金額等を記載した明細書を添付するものとされます。

(2)適用関係

令和7年4月1日以後に行われる電気通信利用役務の提供について適用されます。特定プラットフォーム事業者の指定制度に係る事前の指定および届出については、所要の経過措置が講じられます。

2 国外事業者に対する事業者免税点制度の特例の見直し

POINT!

■国外事業者は事業者免税点制度の特例の適用が制限される

■簡易課税制度の適用についても同様に一定の制限がなされる

消法9の2、12の2、12の3、37、消令1、25の4、消規26

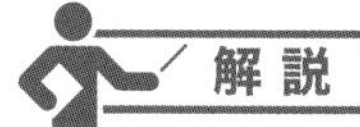

(1)事業者免税点制度の特例の見直し

①特定期間の特例

特定期間における課税売上高による納税義務の免除の特例について、課税売上高に代わり適用可能とされている給与支払額による判定の対象から国外事業者が除外されます。

②新設法人の特例

資本金1,000万円以上の新設法人に対する納税義務の免除の特例について、外国法人は基準期間を有する場合であっても、国内における事業の開始時に本特例の適用の判定を行うこととされます。

③特定新規設立法人の特例

資本金1,000万円未満の特定新規設立法人に対する納税義務の免除の特例について、 本特例の対象となる特定新規設立法人の範囲に、 その事業者の国外分を含む収入金額が50億円超である者が直接または間接に支配する法人を設立した場合のその法人が加えられるほか、上記②と同様の措置が講じられます。

④簡易課税制度の適用除外

その課税期間の初日において所得税法または法人税法上の恒久的施設を有しない国外事業者については、簡易課税制度の適用が認められないこととされます。

⑤小規模事業者に係る２割特例の適用除外

その課税期間の初日において所得税法または法人税法上の恒久的

施設を有しない国外事業者については、適格請求書発行事業者となる小規模事業者に係る税額控除に関する経過措置（2割特例：売上の消費税の8割を税額控除）の適用が認められないこととされます。

(2) 適用関係

令和6年10月1日以後に開始する課税期間から適用されます。

各特例の課題および見直し内容

	特例の対象（課税事業者）となる場合	課題および見直し（案）
特定期間の特例	特定期間（前年上半期）における国内の課税売上高が1,000万円超かつ給与（居住者分）の合計額が1,000万円超の場合	非居住者への給与が対象となっていないため、国外事業者に対して本特例が適切に機能していないことを踏まえ、国外事業者については「給与（居住者分）の合計額」による判定を認めないこととする。
新設法人の特例	資本金等が1,000万円以上の法人である場合（基準期間がない課税期間が対象）	国外事業者は、日本への進出時点で設立から一定期間経過していることが一般的であり、本特例が適用されないことを踏まえ、外国法人については、日本における事業を開始した時の資本金等により本特例を適用することとする。
特定新規設立法人の特例	国内の課税売上高が5億円超の法人等が設立した資本金等1,000万円未満の法人である場合（基準期間がない課税期間が対象）	事務処理能力を有する大企業でも、日本での課税売上高がなければ一律に対象外となってしまうことを踏まえ、全世界における収入金額が50億円超の法人等が資本金等1,000万円未満の法人を設立した場合も対象に加える。

（出典：自民党税制調査会資料）

3 免税事業者等からの課税仕入れに係る経過措置の見直し

POINT!

■免税事業者等からの課税仕入れについては８割を仕入税額控除できる特例がある

■一の免税事業者からの仕入れが10億円を超える場合は特例の適用除外とされる

28改正法附52、53

解説

(1)適格請求書発行事業者以外の者から行った課税仕入れに係る税額控除に関する経過措置の概要

免税事業者等の適格請求書発行事業者以外の者から行った課税仕入れについては、インボイスの交付が受けられないことから原則として仕入税額控除の対象外となります。しかし、令和11年9月30日までについては、一定の事項が記載された帳簿および請求書等を保管していれば、下図の割合を仕入税額控除できるとされています。

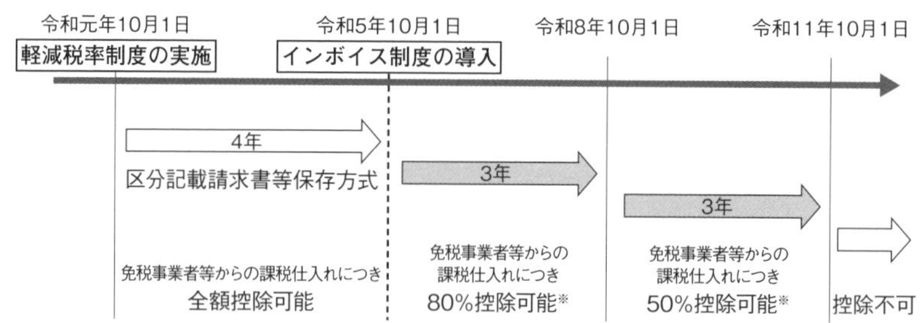

※この経過措置による仕入税額控除の適用にあたっては、免税事業者等から受領する区分記載請求書等と同様の事項が記載された請求書等の保存とこの経過措置の適用を受ける旨（80%控除・50%控除の特例を受ける課税仕入れである旨）を記載した帳簿の保存が必要

（出所：国税庁「消費税経理通達関係Q＆A（令和5年12月改訂）」）

(2)改正の内容

適格請求書発行事業者以外の者から行った課税仕入れに係る税額控除に関する経過措置について、その対象から個人事業者はその年、法人はその事業年度において、一の適格請求書発行事業者以外の者からの課税仕入れに係る支払対価の額の合計額が10億円を超える場合は、その超える部分の課税仕入れについて適用除外とされます。

(3)適用関係

令和6年10月1日以後に開始する課税期間について適用されます。

4 金地金等を取得した場合等の納税義務の免除の特例の見直し

POINT!

■一定の高額資産を仕入れて仕入税額控除を受けた場合は事業者免税点制度等の適用が制限されている

■金または白金等の合計額が200万円以上である場合を対象に追加

消法12の4、37、消令25の5、25の6、消規11の3

解説

(1)制度の概要

事業者が、事業者免税点制度および簡易課税制度の適用を受けない課税期間中に、高額特定資産（その支払対価の額が税抜1,000万円以上の棚卸資産または調整対象固定資産）の仕入れ等を行った場合には、その高額特定資産の仕入れ等の日の属する課税期間の翌課税期間からその高額特定資産の仕入れ等の日の属する課税期間の初日以後3年を経過する日の属する課税期間までの各課税期間においては、事業者免税点制度は適用されません。

(2)改正の内容

高額特定資産を取得した場合の事業者免税点制度および簡易課税制度の適用を制限する措置の対象に、その課税期間において取得した金または白金の地金等の額の合計額が200万円以上である場合が加えられました。

(3)適用関係

令和6年4月1日以後に国内において事業者が行う金または白金の地金等の課税仕入れおよび保税地域から引き取られる金または白金の地金等について適用されます。

5 帳簿の記載事項の見直し

POINT!

■自販機等特例の適用の際には帳簿に所在地等の記載は不要に

■簡易課税制度等の場合、免税事業者等からの仕入れについても従前どおり消費税の額を税込み金額の10/110とすることが可能に

消令49

解説

(1)仕入税額控除に係る帳簿の記載事項の見直し

①改正前の制度

1) 自動販売機特例

自動販売機または自動サービス機により行われる課税資産の譲渡等のうち当該課税資産の譲渡等に係る税込価額が3万円未満の取引について、その買手は、一定の事項を記載した帳簿のみの保存で仕入税額控除の適用を受けることができます（消令49①一イ、消規26の6一）。

2) 回収特例

入場券のような物品切手等で適格簡易請求書の記載事項（取引年月日を除く）が記載されているものが、引換給付の際に適格請求書発行事業者により回収される場合、当該物品切手等により役務の提供等を受ける買手は、一定の事項を記載した帳簿のみの保存で仕入税額控除の適用を受けることができます（消令49①一ロ）。

3) 一定の事項の記載

改正前の制度では公共交通機関、郵便役務の提供、出張旅費等を除き「〇〇市　自販機」「XX銀行□□支店ATM」のように所在地を記載することとなっていました。

②自動販売機特例の住所等の帳簿記載が不要に

改正によって、一定の事項が記載された帳簿のみの保存により仕入税額控除が認められる自動販売機および自動サービス機による課税仕入れならびに使用の際に証票が回収される課税仕入れ（3万円未満のものに限る）については、帳簿への「住所または所在地」の記載が不要とされます。

帳簿のみの保存の特例を適用する場合の帳簿の記載事項

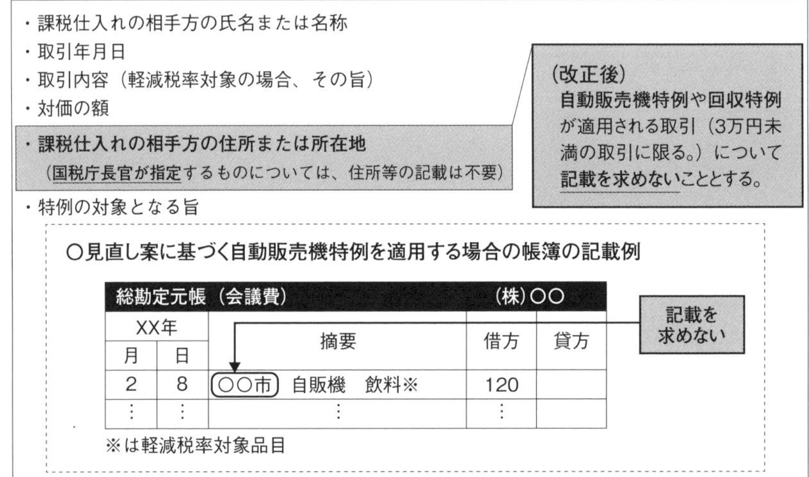

総勘定元帳（会議費）			（株）○○	
XX年		摘要	借方	貸方
月	日			
2	8	○○市　自販機　飲料※	120	
⋮	⋮	⋮	⋮	

（出所：国税庁「令和6年度税制改正の大綱について（インボイス関連）」）

③適用関係

上記改正の趣旨を踏まえ、令和5年10月1日以後に行われる上記の課税仕入れに係る帳簿への住所等の記載については、運用上、記載がなくとも改めて求めないものとされました。

(2)簡易課税制度と小規模事業者の経過措置の場合の経理処理の見直し

簡易課税制度または適格請求書発行事業者となる小規模事業者に係る税額控除に関する経過措置（2割特例：売上の消費税の8割を税額控除）を適用する事業者が、令和5年10月1日以後に国内において行う課税仕入れについて、税抜経理方式を適用した場合の仮払消費税等として計上する金額につき、継続適用を条件として当該課税仕入れに係る支払対価の額に110分の10（軽減対象課税資産の譲渡等に係るものである場合には、108分の8）を乗じた金額とすることが認められたほか、消費税に係る経理処理方法について所要の見直しが行われました。

税抜経理方式を適用する場合の仮払消費税等の額

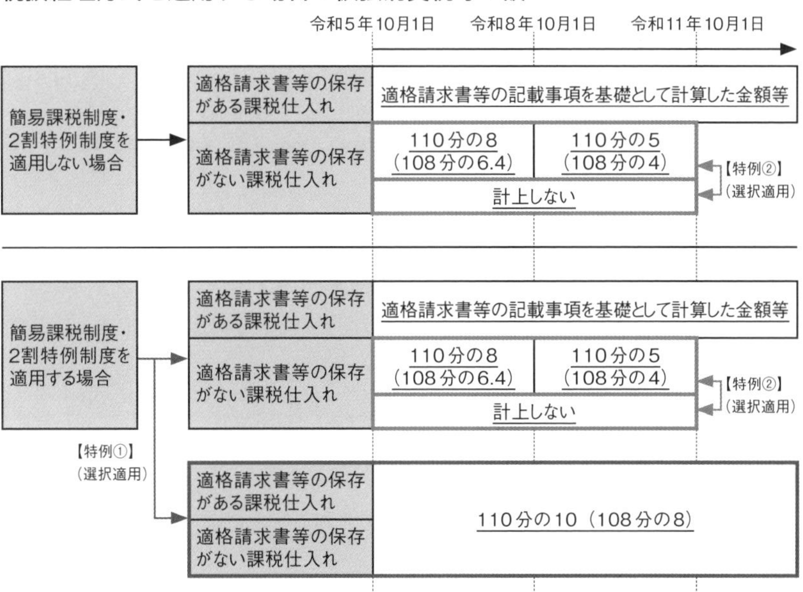

(注) 1　図中の割合は、支払対価の額に乗ずる割合（カッコ書きは、軽減税率の対象となるものの割合）です。
2　「特例①」は簡易課税制度または2割特例制度を適用する課税期間を含む事業年度が対象になり、「特例②」は経過措置期間に国内において行う課税仕入れが対象になります。

（出所：国税庁「消費税経理通達関係Q＆A（令和5年12月改訂）」）

6 更正の請求による消費税還付に係る受還付犯の適用の見直し

POINT!

■虚偽の申告書を提出した場合、受還付犯として罰則が科される

■虚偽の更正の請求書の提出についても受還付犯として罰則が科せられることになる

消法64

(1)改正の内容

消費税の不正受還付犯（未遂犯を含む）の対象に、偽りその他不正の行為による更正の請求に基づく還付が加えられます。

(2)適用関係

令和6年3月30日から起算して10日を経過した日以後にした違反行為について適用されます。

改正前の問題点と改正内容

【改正前の問題点】

・偽りその他不正の行為に基づき申告書を提出して消費税の還付を受けた者（未遂を含む）については、消費税法において、10年以下の懲役または1,000万円以下の罰金を科すこととされている。（受還付犯）

・他方、偽りその他不正の行為に基づき更正の請求書を提出して消費税の還付を受けた者については、申告書の提出による不正還付と実質的な違いはないが、消費税法において、罰則を科すこととされていない。

（注）現行では、更正の請求に基づく不正還付については、詐欺罪（刑法）が適用される可能性がある。

【改正内容】

偽りその他不正の行為に基づき更正の請求書を提出して消費税の還付を受けた場合（未遂を含む）も、上記受還付犯と同様の罰則を消費税法において科すこととする。

7 新型コロナ特別貸付けの契約書印紙税非課税措置の延長

POINT!

■新型コロナウイルス感染症による特別貸付けの契約書の印紙税非課税措置が１年延長

新型コロナ税特法11、新型コロナ税特令8

(1)特別貸付けの契約書の印紙税非課税措置

令和2年4月に制定された「新型コロナウイルス感染症等の影響に対応するための国税関係法律の臨時特例に関する法律」で、公的金融機関や民間金融機関等が、新型コロナウイルス感染症およびそのまん延防止によりその経営に影響を受けた事業者に対して行う特別な貸付けに係る消費貸借契約書については、印紙税が非課税とされています。

(2)適用関係

令和7年3月31日までに1年延長されます。

制度のイメージ

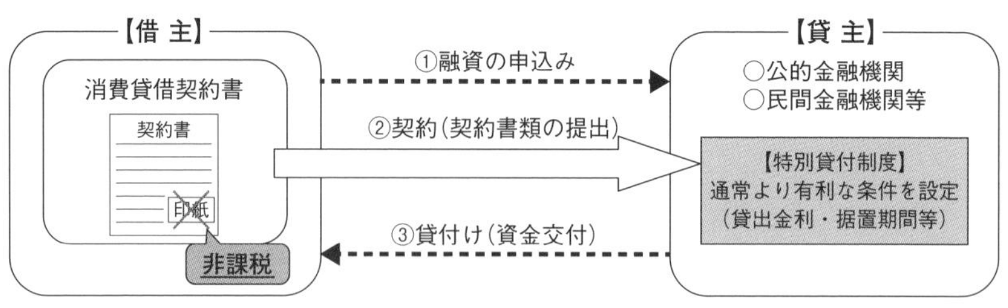

（出典：財務省「税制上の措置の各項目の説明資料」）

第４章

所得税の改正

所得税・住民税の定額減税により、納税者（合計所得金額1,805万円超、給与収入のみの場合2,000万円超の高額所得者は対象外とする）および控除対象配偶者、扶養親族一人につき、令和６年分の所得税３万円、令和６年度分の住民税１万円の減税が行われ、令和６年６月以降の源泉徴収等から速やかに実施されます。賃上げ税制の改正とこの減税により、国民がデフレ脱却のメリットを実感できる環境を作るのが目的です。

また、子育てや困窮者の支援に係る所得税の非課税措置や公益法人等への寄附金に対する措置も延長・拡充されています。そのほか、後期高齢者支援金の課税限度額や国民健康保険税（料）減額対象の所得基準も引き上げられており、社会保険料の増加には歯止めがかからないようです。

1 所得税・個人住民税の定額減税の全体像

POINT!

■令和６年分の所得税３万円、個人住民税１万円の定額減税が実施

■合計所得金額1,805万円以下の人およびその扶養親族等が対象

■全ての税額控除後、令和６年分の特別控除額を控除

措法41の3の3、措令26の4の2、26の4の3、措規18の23の3～18の23の7、地法附5の8、5の12

(1)定額減税の趣旨と概要

賃金上昇・消費拡大・投資拡大の好循環を実現し、デフレに後戻りさせないための措置の一環として、令和6年の所得税・個人住民税の定額減税が実施されます。具体的には、合計所得金額1,805万円超（給与収入のみの場合、給与所得金額2,000万円超）の高額所得者を除き、納税者および配偶者を含めた扶養家族1人につき、令和6年分の所得税3万円、令和6年度分の個人住民税1万円の減税が行われます。令和6年6月以降の源泉徴収・特別徴収等により、実務上できる限り速やかに実施される予定です。なお、定額減税による個人住民税の減収額は、全額国費で補填されます。

(2)所得税の定額減税

居住者の令和6年分の所得税については、その人のその年分の所得税の額から、定額の令和6年分特別税額控除額が控除されます。ただし、その者の令和6年分の所得税に係る合計所得金額が1,805万円以下（給与収入のみである場合には給与所得金額2,000万円以下）である居住者が対象となります。

この令和6年分特別税額控除額は、次の金額の合計額です。ただし、その合計額がその人の所得税額を超える場合には、その所得税額が限度となります。

①居住者である納税者本人　　　　：3万円

②同一生計配偶者または扶養親族：1人につき3万円

・同一生計配偶者または扶養親族とは、納税義務者と生計を一にし、かつ合計所得金額48万円以下の人に限られます。

・同一生計配偶者および扶養親族は居住者に限られ、青色事業専従者または白色事業専従者でない人をいいます。

・これらの人を「同一生計配偶者等」といいます。

同一生計配偶者または扶養親族に該当するかどうかの判定は、その年の12月31日の現況によります。なお、その居住者がその年の途中において死亡、または出国をする場合には、その死亡または出国の時の現況によります。ただし、その判定に係るものがその当時既に死亡している場合は、その死亡の時の現況により判定されます。

定額減税の実施方法のイメージ

〈所得税の計算（イメージ）〉

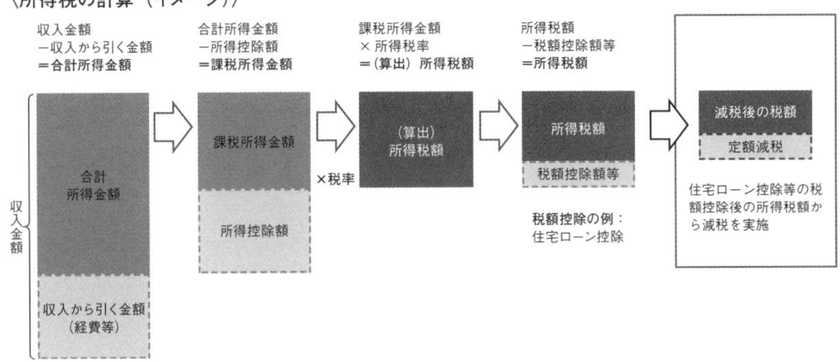

（出典：自民党税制調査会資料）

(3) 2人以上の居住者の扶養親族等に該当する場合の所属等

①同一生計配偶者等の所属

居住者の同一生計配偶者が他の居住者の扶養親族にも該当するときは、その配偶者は次に定めるところにより、いずれか一にのみ該当するものとみなされます。

イ　居住者の提出するその年分の確定申告書、扶養控除申告書等

（申告書等）に記載されたところによります。ただし、申告書等にこれと異なる記載をすることにより、区分を変更することができます。

ロ　居住者が同一人をそれぞれ自己の同一生計配偶者または扶養親族として申告書等に記載したときやいずれに該当するかを定められないときは、その夫または妻である居住者の同一生計配偶者とされます。

②扶養親族の所属

2人以上の居住者の扶養親族に該当する者があるときは、その者は次に定めるところにより、いずれか一の居住者の扶養親族にのみ該当するものとみなされます。

イ　いずれの居住者の扶養親族とするかは、これらの居住者の提出するその年分の申告書等に記載されたところによります。ただし、改めてその所属の異なる記載をした申告書等を提出することにより、他の居住者の扶養親族とすることができます。

ロ　居住者が同一人をそれぞれ自己の扶養親族として申告書等に記載したときやいずれの扶養親族に該当するかを定められないときは、次によります。

・その年において既に一の居住者が申告書等の記載により扶養親族としている場合には、その者の扶養親族とされます。
・いずれに該当するかを定められないときは、合計所得金額の見積額が最も大きい居住者の扶養親族とされます。

③死別後再婚した配偶者の所属

年の途中において居住者の配偶者が死亡し、その年中にその居住者が再婚した場合、その居住者の同一生計配偶者に該当するものは、死亡した配偶者または再婚した配偶者のうち一人に限るものとされます。

④2人以上の居住者の扶養親族等に該当する場合の所属等

居住者の配偶者がその者の同一生計配偶者に該当し、かつ、他の居住者の扶養親族にも該当する場合、2人以上の居住者の扶養親族に該当する者がある場合または年の途中において配偶者が死亡し、その年中に再婚した場合において、対象居住者がその年分の所得税につき、同一生計配偶者もしくは扶養親族に係る障害者控除、寡婦控除、ひとり親控除、配偶者控除、扶養控除の適用を受けるときは、①および②の規定にかかわらず、その控除の適用を受けた対象居住者の同一生計配偶者または扶養親族にのみ該当するとみなされます。

この規定は年末調整においても適用されますので、配偶者控除や扶養控除等の適用を受けた人の同一生計配偶者または扶養親族として、特別控除額が控除されます。

(4)確定申告における定額減税

令和6年分の所得税に係る確定申告書を提出する事業所得者や不動産所得者等は、確定申告書提出の際に、配当控除、外国税額控除等、試験研究費の特別控除、機械等を取得した場合の特別控除等、住宅ローン控除、寄附金控除等の各種税額控除を全て控除後、令和6年分における所得税額の特別控除額を控除することになります。

(5)住民税の定額減税

令和6年度分の個人住民税（道府県民税および市町村民税）に限り、納税義務者の令和6年度分の所得割の額から、定額の令和6年度分特別税額控除額が控除されます。その人の個人住民税に係る合計所得金額が1,805万円以下（給与収入のみである場合には給与所得金額2,000万円以下）である納税義務者（特別税額控除対象納税義務者）が、所得税と同様に特別税額控除の対象者となります。

この特別税額控除額は、次の金額の合計額とされ、その合計額がその人の所得割の額を超える場合には、所得割の額が限度とされます。

①居住者である納税者本人　　　：1万円
②控除対象配偶者または扶養親族：1人につき1万円

- 同一生計配偶者または扶養親族とは、納税義務者と生計を一にし、かつ合計所得金額48万円以下の人に限られます。
- 控除対象配偶者とは、同一生計配偶者のうち、納税義務者の合計所得金額が1,000万円以下の人をいいます。
- 同一生計配偶者および扶養親族については国外居住者を除き、青色事業専従者または白色事業専従者でない人をいいます。
- 控除対象配偶者と扶養親族を「控除対象配偶者等」といいます。

③控除対象配偶者を除く同一生計配偶者については、令和6年度分の住民税においては判明しないため、令和7年度分の所得割の額から1万円が控除されます。

所得税・住民税定額減税

	税目	種別	特別控除額
特別控除額	①所得税	本人（注1）	3万円
		同一生計配偶者（注1）（注4）	3万円
		扶養親族（注1、注4）	3万円／人
	②個人住民税（所得割）	本人	1万円
		控除対象配偶者（注2）（注5）	1万円
		扶養親族（注2、注4）	1万円／人
		控除対象配偶者を除く同一生計配偶者（注2）	1万円（注3）

（注1）居住者に限る。
（注2）国外居住者を除く。
（注3）令和7年度分の所得割の額から控除。
（注4）納税義務者と生計を一かつ合計所得金額48万円以下。
（注5）同一生計配偶者のうち、納税義務者の前年の合計所得金額が1,000万円以下の場合。

(6)道府県民税および市町村民税における定額減税の注意点

①道府県民税および市町村民税における特別税額控除額の按分

1）道府県民税における特別税額控除額

道府県民税における特別税額控除額は、特別税額控除額にその者の道府県民税所得割の額を、その者の道府県民税所得割の額と市町村民税所得割の額との合計額で除した数値をかけた金額とされます。

上記の「道府県民税所得割の額」とは、特別税額控除額を控除する前の道府県民税所得割の額をいい、「市町村民税所得割の額」とは、特別税額控除額を控除する前の市町村民税所得割の額をいいます。

2）市町村民税における特別税額控除額

市町村民税における特別税額控除額は、特別税額控除額から道府県民税における特別税額控除額を控除して計算した金額とされます。

②特別税額控除の順序

特別税額控除額は、他の税額控除額を控除した後の所得割の額から控除されます。

③算定の基礎となる令和６年度分の所得割の額

以下の額の算定の基礎となる令和6年度分の所得割の額は、特別税額控除額を控除する前の所得割の額とされます。

1) 都道府県または市区町村に対する寄附金税額控除（ふるさと納税）の特例控除額の控除上限額

2) 公的年金等に係る所得に係る仮特別徴収税額

(7)低所得者支援および定額減税を補足する給付について

給付金・定額減税一体措置への対応について「低所得者支援および定額減税を補足する給付について」のとおり、低所得者支援および定額減税を補足する給付として、定額減税の実施とあわせて以下の一連の給付が実施されます。

①個人住民税均等割のみの課税がなされる世帯への給付

令和5年度における個人住民税均等割非課税世帯（以下「住民税非課税世帯」という）以外の世帯であって、個人住民税所得割が課せられていない者のみで構成される世帯（以下「均等割のみ課税世帯」という）に対し、1世帯当たり10万円が支給されます。

②こども加算

令和5年度における住民税非課税世帯および均等割のみ課税世帯への給付への加算として、当該世帯において扶養されている18歳以下の児童1人当たりに5万円が上乗せ支給されます。

③新たに住民税非課税等となる世帯への給付

新たに住民税非課税または均等割のみ課税となる世帯（令和5年度に上記給付の対象となった世帯を除く）に対し、1世帯当たり10万円が支給されます。対象となる児童がいる場合には、上記②に準じた加算が実施されます。

④調整給付

納税者および配偶者を含めた扶養家族に基づき算定される定額減税可能額が、令和6年に入手可能な課税情報を基に把握された納税者の令和6年分推計所得税額または令和6年度分個人住民税所得割

第4章 所得税の改正

額を上回る者に対し、その上回る額の合算額を基礎として、1万円単位で切り上げて算定した額が支給されます。なお、令和6年分所得税および定額減税の実績額等が確定したのち、当初給付額に不足のあることが判明した場合には、追加で当該納税者に不足額が給付されます。

(8)給付や減税の早期の実施

住民税非課税世帯に対して迅速に支援を届けるため、令和5年度補正予算で措置された低所得世帯支援枠を活用した住民税非課税世帯1世帯当たり7万円（既に3万円支給済）の給付については迅速に給付が進められています。

なお、上記(7)①および②の給付については、「地方公共団体の事務処理等を踏まえつつ、令和6年以降可能な限り速やかに支給を行うことを目指す」とされており、上記(7)③および④の給付については、「令和6年に入手可能な情報を基に支給を行っていくこととしつつ、速やかな支給開始に向けて、地域の実情に応じた早期の執行着手など、地方公共団体における柔軟な対応を可能とする」とされています。

よって、6月から実施される定額減税に合わせて、交付金等の支給も法律の改正を踏まえ、早急に行われるでしょう。

定額減税と給付のイメージ

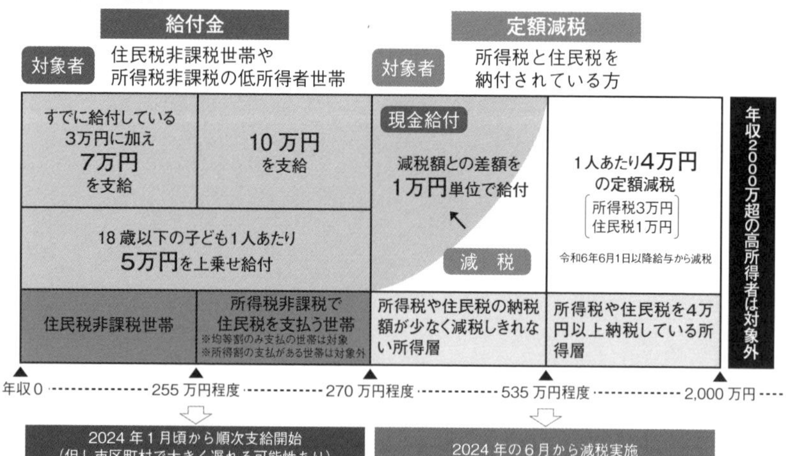

2 所得税の予定納税・個人住民税の普通徴収の定額減税特例

POINT!

■令和６年分の所得税の予定納税から３万円の減額を順次実施

■予定納税の減額申請期限を７月31日、納期限を９月30日に延長

■住民税は第１期（６月末分）から特別税額控除を控除し、不足額は以後の普通徴収額から順次控除

措法41の3の4、41の3の6、措令26の4の4、措規18の23の4、地法附5の9

解説

(1)事業・不動産所得者等の所得税における予定納税の特例

①居住者の特別税額控除は予定納税から控除

事業所得者や不動産所得者等は、その年の5月5日において確定している前年分の所得金額や税額などに基づいて計算した予定納税基準額が15万円以上になる場合には、予定納税基準額の3分の1の予定納税額を第1期（7月31日まで）および第2期（11月30日まで）として、2回納付しなければなりません。翌年の確定申告において、確定申告で計算した税額から納付済みの予定納税額を差し引いて、税額の過不足を精算することになります。確定申告を待たず早期に減税を実施するため、減税が予定納税で実施されます。

特別税額控除対象者である居住者の令和6年分の所得税に係る第1期の予定納税額（7月）は、令和6年分に限り、本来納付すべき金額から所得税に係る予定納税特別控除額（3万円）を控除した金額とされます。

②１期分から控除しきれない場合

特別税額控除対象者である居住者の予定納税特別控除額に相当する金額のうち、第1期分予定納税額から控除をしてもなお控除しきれない部分の金額は、第2期分予定納税額（11月）から控除されます。それでも控除しきれない部分の金額は確定申告で精算されます。

③同一生計配偶者等の予定納税特別控除額は減額申請が必要

特別税額控除対象者については、予定納税額の通知において予定納税特別控除額を控除した金額が通知されますので、何ら手続きは必要ありません。

ただし、特別税額控除対象者である居住者は第1期分予定納税額および第2期分予定納税額について、同一生計配偶者等（P97参照）に係る予定納税特別控除額（3万円×同一生計配偶者等の人数）に相当する金額についても、予定納税特別控除の適用を受けることができます。この控除を受ける場合には、特別税額控除対象者である居住者は同一生計配偶者等に係る予定納税特別控除額について、予定納税額の減額の承認の申請をしなければなりません。

ただし、確定申告において特別税額控除を全員分受けることができますので、予定納税額の減額の承認の申請をしなくとも、減税額を早く手にできないというデメリット以外は、何らの不利益はありません。

④高額所得が見込まれる場合

令和6年分の所得税に係るその年の合計所得金額が1,805万円を超えると見込まれる場合は、予定納税特別控除額はゼロとされます。

⑤予定納税減額の減額承認申請および予定納税額の納期等の特例

上記③の措置に伴い、令和6年6月30日の現況に係る予定納税額の減額承認の申請の期限は、令和6年に限り、令和6年7月31日（従前：7月15日）とされます。

また、令和6年分の所得税に係る第1期分予定納税額の納期は、令和6年に限り、令和6年7月1日から9月30日までの期間（従前:令和6年7月1日から7月31日までの期間）とされます。

実施の流れ

|原則| 確定申告で減税
|予定納税対象者| 6月の予定納税通知時に本人分3万円を控除した額を通知

⬇

同一生計配偶者等分は減額申請で控除可能に

⬇

減税申請期限　　7月15日→7月31日
予定納税納付期限　7月31日→9月30日

⬇

第1回予定納税で控除しきれない減税額は第2回（11月）で控除し、それでも控除しきれない分は確定申告で控除

(2)事業・不動産所得者等の住民税における普通徴収の特例

①普通徴収第1期分から控除

住民税は道府県民税と市町村民税を総称したものです。課税所得に対する所得割（10%）と一律に割り当てられる均等割があり、その合計額をいいます。所得税と異なり、地方自治体が税額を計算して納税者に通知する賦課課税方式となっています。

普通徴収とは、納税義務者が自身で住民税を納税する方法で、事業所得者や不動産所得者等がその対象となります。市区町村から納付書が届くので、これに従って住民税を納めます。4回に分けて4分の1ずつ納付できるようになっており、それぞれの納期限は、第1期は6月末、第2期は8月末、第3期は10月末、第4期は翌年1月末となっています。

早期に減税を実施するため、特別税額控除対象納税義務者の特別税額控除前の普通徴収に係る個人住民税の額から控除する特別税額控除（1万円＋1万円×控除対象配偶者等の人数）については、令和6年度分の個人住民税に係る第1期に納付すべき税額（6月分金額）から控除することとされています。

なお、その控除額が6月分金額を超える場合には、6月分金額に

第4章 所得税の改正

相当する金額が限度とされます。

②控除不足額は第２期分以後から順次控除

特別控除の額に相当する金額のうち、6月分金額から控除をしてもなお控除しきれない金額は、以後令和6年度中に普通徴収すべき8月分（第2期分）以降の納付額から、順次控除されることになります。

③地方公共団体からの通知

地方公共団体は、令和6年度分の個人住民税の税額決定通知書に控除した額等を記載することになります。

減税の実施方法（イメージ）

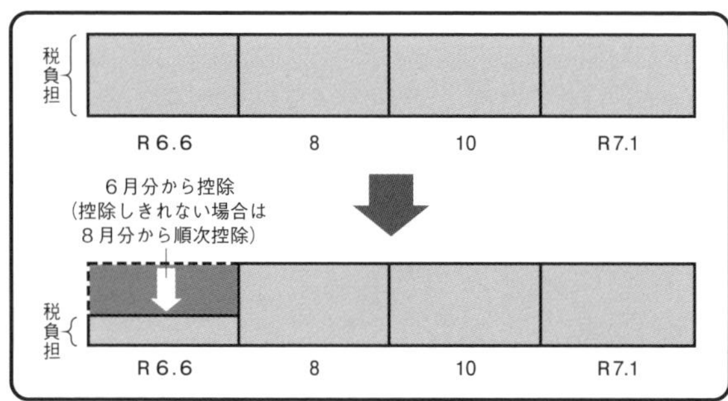

（出典：自民党税制調査会資料）

3 給与所得に係る特別税額控除および特別徴収の定額減税特例

POINT!

- 給与特別税額控除額は令和６年６月以後の給与（賞与）から控除
- 引ききれないときは順次、次の給与等から控除
- 令和６年分の年末調整の際に年税額から特別税額を控除する
- 住民税は６月支払い時には特別控除せず、７月から特別控除後の11分の１を特別徴収する

措法41の3の7、41の3の8、措令26の４の４、措規18の23の５、18の23の６、地法附５の10、所規93

解説

(1)給与等に係る特別控除額の実施方法

①給与支払者の事務

給与所得者に対する定額減税は、扶養控除等申告書を提出している給与所得者（いわゆる甲欄適用者）に対して、その給与の支払者のもとで、その給与等を支払う際に、源泉徴収税額から給与特別控除額を控除する方法で行われます。給与の支払者は、次の2つの事務を行うことになります。

②月次減税事務

令和6年6月1日以後に支払う給与等（賞与を含む）に対する源泉徴収税額からその時点の給与特別控除額を控除する事務をいいます。

③年調減税事務の実施方法

年末調整の際、年末調整時の給与特別控除額に基づき精算を行う事務をいいます。

(2)月次減税事務の実施方法

①控除対象者

令和6年6月1日現在、給与の支払者のもとで勤務している人の

うち、その給与の支払者に扶養控除等申告書を提出している居住者で、**源泉徴収において源泉徴収税額表の甲欄が適用される居住者の人**（基準日在職者）**が対象となります。**この控除対象者の確認の時点においては、合計所得金額（見積額）を勘案しませんので、合計所得金額が1,805万円を超えると見込まれる基準日在職者に対しても、月次減税事務を行う必要があります。

②月次減税額の計算

控除対象者ごとの月次減税額は「同一生計配偶者と扶養親族の数」に応じて「本人3万円」と「同一生計配偶者と扶養親族1人につき3万円」との合計額となります。

6月に月次減税事務を行うときまでに提出された扶養控除等申告書等に記載された同一生計配偶者の有無および扶養親族（いずれも居住者に限る）の人数により給与特別控除額を計算します。ただし、月次減税額の計算の対象となる扶養親族とは、所得税法上の**控除対象配偶者や控除対象扶養親族だけではありません。**

扶養控除等申告書に記載していない同一生計配偶者や16歳未満の扶養親族については、最初の月次減税事務を行うときまでに、控除対象者から「源泉徴収に係る定額減税のための申告書」の提出を受けることで月次減税額の計算のための人数に含めることができます。

扶養控除等申告書に記載していない同一生計配偶者のケースとしては、控除対象者本人の合計所得金額が900万円を超えると見込まれるため、扶養控除等申告書に源泉控除対象配偶者として記載していない場合などが考えられます。

③実際に源泉徴収する税額

1）給与特別控除額が控除前源泉徴収税額以下となる場合

令和6年6月1日において給与等（賞与を含む）の支払者から主たる給与等の支払いを受ける居住者は、6月1日以後最初に支払いを受ける給与等につき源泉徴収されるべき所得税の額は、その所得税の額（給与等に係る控除前源泉徴収税額）から、給与特別控除額を控除した金額に相当する金額とされます。そして、その差額となる税額を源泉徴収して、この人に対する給与特別控除額に関する月次減税事務が終了します。

2）給与特別控除額が控除前源泉徴収税額を超える場合

この場合には、給与特別控除額の**一部については控除しきれません**ので、控除前税額から同額の月次減税額を控除することになり、**実際に源泉徴収する税額はないこと**（0円）になります。

給与特別控除額に相当する金額のうち控除をしてもなお控除しきれない部分の金額は、その**控除しきれない金額がなくなるまで**、以後支払う令和6年分の給与や賞与に係る控除前源泉徴収税額から、**順次控除**することになります。

6月のみで控除できるパターン

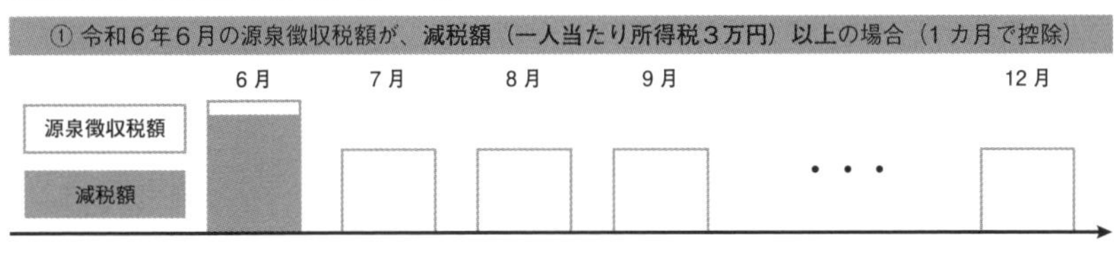

（出典：自民党税制調査会資料）

複数月で控除するパターン

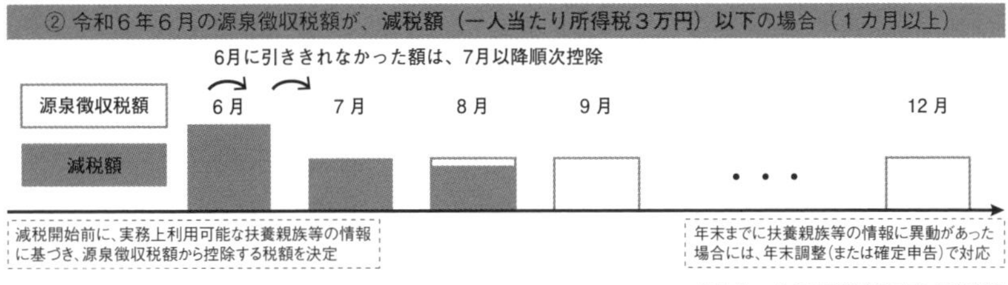

（出典：自民党税制調査会資料）

④給与支払明細書への控除額の表示

給与の支払者は月次減税額の控除を行った場合には、給与支払明細書の適宜の箇所に、月次減税額のうち実際に控除した金額を「定額減税額（所得税）××円」または「定額減税××円」などと表示します。

(3)年調減税事務の実施方法

①年末調整特別控除額の対象者

年調減税事務では、年末調整時点の年末調整特別控除額に基づき、年間の所得税額との精算を行います。ただし、年末調整対象者のうち、給与所得以外の所得を含めた合計所得金額が1,805万円を超えると見込まれる人については、年末調整特別控除額を控除しないで年末調整を行うことになります。

②年末調整特別控除額の計算

対象者ごとの年調減税額の計算は、「扶養控除等申告書」や「配偶者控除等申告書」、「源泉徴収に係る定額減税のための申告書」などから、年末調整を行う時の現況における同一生計配偶者および扶養親族の人数を確認し、「本人30,000円」と「同一生計配偶者と扶養親族1人につき30,000円」との合計額を求めます。対象者ごとの年末調整における年末調整特別控除額は、住宅借入金等特別控除後の所得税額を限度に行います。また、年末調整特別控除額を控除した金額に102.1％を乗じて復興特別所得税を含めた年調年税額を計算します。

③扶養控除等申告書に記載した事項の異動等の場合

給与所得者の扶養控除等申告書に記載した事項の異動等の提出があり、給与特別控除額に異動が生ずる場合には、年末調整により調整が行われます。

④その他の措置

このように、最終的には令和6年分の年末調整の際に、年税額から特別税額控除額を控除することになります。

年末調整終了後に作成する「給与所得の源泉徴収票」には、その「(摘要)」欄に、実際に控除した年調減税額を「源泉徴収時所得税減税控除済額×××円」と記載しなければなりません。

なお、その年の給与所得が2,000万円を超えたり、扶養控除対象者の変更があったりした場合には、確定申告で調整することになります。

(4)給与所得者等の住民税の特別徴収の実施方法

①特別徴収の定額減税

給与の支払者である特別徴収義務者は、令和6年6月に給与の支払いをする際は特別徴収を行わず、給与特別控除額（1万円＋1万円×同一生計配偶者等の人数）を控除した後の個人住民税の額の11分の1

の額を令和6年7月から令和7年5月まで、それぞれの給与の支払いをする際に、毎月徴収することとされます。

②所要の措置

地方公共団体は、令和6年度分の給与所得に係る個人住民税の特別徴収税額通知（納税義務者用）に控除した額等を記載することとされます。また、特別徴収義務者は、令和6年分の給与支払報告書の摘要の欄に所得税額から控除した額等を記載しなければなりません。

実施の流れ

令和6年6月の給与では特別徴収を行わない

給与特別控除後の個人住民税を11等分する

令和6年7月から令和7年5月までの11カ月で特別徴収する

4 公的年金等に係る特別税額控除および特別徴収の定額減税特例

POINT!

■所得税の年金特別控除額は令和６年６月以後の公的年金等から控除
■控除しきれない場合は順次、次の源泉徴収税額から控除
■住民税の年金等に係る特別税額控除は令和６年10月分から控除
■控除しきれないときは12月分から順次控除

措法41の3の9、措令26の4の5、措規18の23の7、地法附5の11、所規94の2

解説

(1)公的年金等の受給者に係る所得税の定額減税

①公的年金等に係る源泉徴収額からの控除

令和6年6月1日以後最初に厚生労働大臣等から支払いを受ける公的年金等（確定給付企業年金法の規定に基づき支給を受ける年金等を除く）につき源泉徴収をされるべき所得税の額は、その所得税の額（公的年金等に係る控除前源泉徴収税額）から、年金特別控除額を控除した金額に相当する金額とされます。

年金特別控除額が公的年金等に係る控除前源泉徴収税額を超える場合には、公的年金等に係る控除前源泉徴収税額に相当する金額が限度とされます。

令和6年6月1日以後の第1回公的年金等に係る控除前源泉徴収税額から控除してもなお控除しきれない金額があるときは、令和6年分の第2回目以降控除適用公的年金等に係る控除前源泉徴収税額から順次控除し、以後控除しきるまで繰り返し控除されます。

②年金特別控除額の計算

年金特別控除額は「源泉控除対象配偶者と扶養親族の数」に応じて「本人3万円」と「源泉控除対象配偶者と扶養親族1人につき3万円」との合計額となります。

6月に控除する年金特別控除額は、公的年金等の受給者の扶養親族等申告書に記載された源泉控除対象配偶者で合計所得金額が48万円以下である者と、同申告書に記載された扶養親族の合計人数により計算されます。

③所要の措置

「公的年金等の受給者の扶養親族等申告書」に記載した事項の異動等により年金特別控除額に異動が生ずる場合には、確定申告により調整することになります。

公的年金の支払者は、公的年金等の源泉徴収票の摘要の欄に所得税額から控除した特別税額を記載しなければなりません。

公的年金所得者に係る減税の実施方法のイメージ

○6月分の源泉徴収額から控除

→引ききれない場合はそれ以降に順次控除

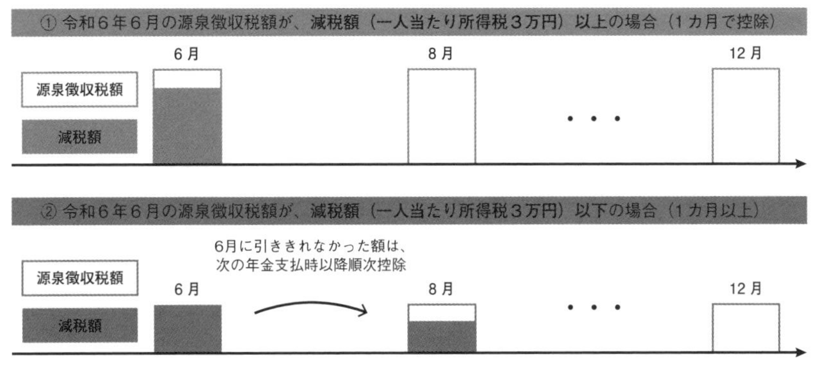

（出典：自民党税制調査会資料）

(2)公的年金等の受給者に係る住民税の定額減税

①特別徴収からの定額減税

公的年金等については、令和5年6月時点で令和6年4月分、6月分、8月分について、前年度分の税額の2分の1をこの3期分で徴収すること（仮特別徴収税額）が確定しており、納税義務者にも通知されています。

令和６年10月分、12月分、令和７年２月分については、当年度分の税額から仮特別徴収税額を除いた税額を、この３期分で徴収することとされています。

よって、公的年金等に係る住民税の特別税額控除を行うに当たり、給与特別控除のように令和６年６月から実施することができません。そこで、令和６年10月１日以後最初に厚生労働大臣等から支払いを受ける公的年金等につき特別徴収をされるべき個人住民税の額（各月分特別徴収税額）から、年金特別控除額（１万円＋１万円×同一生計配偶者等の人数）に相当する金額が控除されることになります。なお、年金特別控除額が各月分特別徴収税額を超える場合には、その各月分特別徴収税額に相当する金額が限度とされます。

特別税額控除額に相当する金額のうち、控除をしてもなお控除しきれない部分の金額は、以後令和６年度中に特別徴収される12月以降の各月分特別徴収税額から、順次控除されます。

②所要の措置

地方公共団体は、令和６年度分の公的年金等に係る所得に係る個人住民税の税額決定通知書に控除した特別税額を記載することとされています。

特別徴収義務者は、令和６年分の公的年金等支払報告書の摘要欄に所得税額から控除した特別税額を記載しなければなりません。

また、普通徴収の方法によって徴収される公的年金等に係る住民税の徴収については、他の普通徴収と同様の方法により特別税額控除が行われます。

減税の実施方法のイメージ

○令和6年10月分の特別徴収額から控除
　→控除しきれなかった場合は令和6年12月以降で順次控除

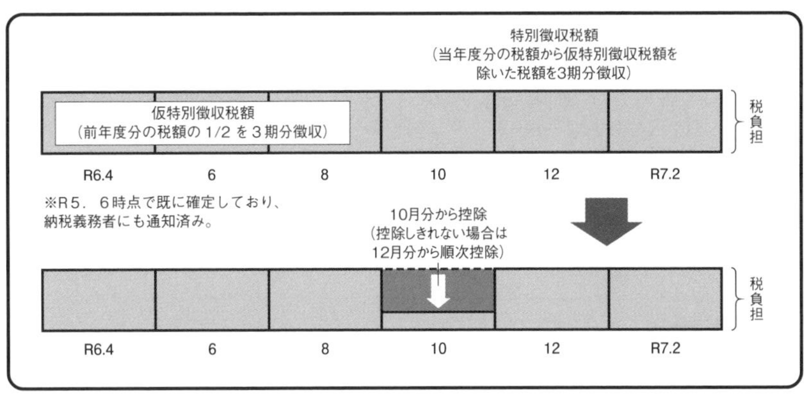

(出典：自民党税制調査会資料)

第4章 所得税の改正

5 山林所得に係る森林計画特別控除

■山林所得金額の計算上、一定要件のもと森林計画特別控除額を差し引くことが可能

■適用期限が令和6年分から8年分まで2年延長

措法30の2、措規13

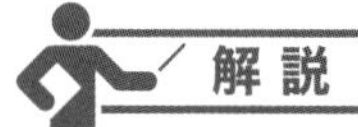

(1)森林計画特別控除制度の延長の必要性

わが国の森林の所有は小規模・分散的で、個々の森林所有者が単独で効率的な施業を実施することが困難である場合が多く、こうした森林所有者をとりまとめ、面的なまとまりのある森林の持続的な経営を確保し、森林の有する多面的機能の発揮を図っていくためには、森林経営計画の策定の推進による路網の整備や施業の集約化等の取組を進める必要があります。

一方、森林経営計画の認定に当たっては、適正な伐採、伐採後の造林や間伐などの施業の実施基準に従っていることが求められるため、伐採量および伐採時期等が制約され、森林所有者は不利益を被ることとなります。

また、森林吸収量の増大に向け、2050カーボンニュートラルに向けたグリーン成長戦略やみどりの食料システム戦略等において、再造林の推進に向けての取組みを行う必要があり、森林・林業基本計画において、特に植栽による更新に適した区域を設定し、令和4年4月1日から森林経営計画の認定要件に特定区域内における再造林が義務付けられています。

このように、再造林の促進には森林経営計画制度も大きく貢献しており、また、森林経営計画の作成にインセンティブを与え、計画に従った伐採や伐採後の更新を図る上で、森林計画特別控除はこれからも必要とされているとして、森林計画特別控除額の特例が延長されています。

(2)山林所得の金額の概要

山林所得とは、山林を伐採して譲渡したり、立木のままで譲渡したりすることによって生ずる所得をいいます。

山林所得の金額は、次のように計算します。

総収入金額－必要経費－特別控除額（50万円）＝山林所得の金額

この場合の必要経費は、植林費などの取得費のほか、下刈費などの育成費、維持管理のために必要な管理費、さらに、伐採費、運搬費、仲介手数料などの譲渡費用です。何年にもわたる経費が多く算出が困難であるとして、概算経費控除といわれる特例もあります。

伐採または譲渡した年の15年前の12月31日以前から引き続き所有していた山林を伐採または譲渡した場合は、収入金額から伐採費などの譲渡費用を差し引いた金額（立木販売収入という）の50%に相当する金額を控除することもできます。この概算経費控除は、確定申告書にこの方法を選択する旨を記載することによって適用されます。

(3)山林所得に係る森林計画特別控除とは

森林法の規定による市町村長、都道府県知事または農林水産大臣の認定を受けた森林経営計画に基づいて山林の全部または一部の伐採、または譲渡した場合には、その山林の伐採または譲渡に係る収入金額から必要経費のほかに森林計画特別控除額を控除することができます。

対象者は森林経営計画の認定を受けている森林の森林所有者です。なお、特例の要件として、当該森林経営計画が旧計画から継続して作成されていることが必要です。ただし、初めて森林経営計画をたてる場合は、継続していなくても特例を適用することができます。

森林計画特別控除額は、所得金額の計算上、次の①、②のうちいずれか低い金額（必要経費を概算経費による場合は①の金額）を控除することができます。

①立木の伐採等に係る収入金額（伐出費、譲渡経費を除く）の20％相当額（収入金額が2,000万円を超える部分については10％）

②立木の伐採等に係る収入金額（伐出費、譲渡経費を除く）の50％相当額から必要経費（伐出費、譲渡経費および森林経営計画が定められている区域内に係る被災事業用資産の損失の金額を除く）を控除した残額

山林所得に係る森林計画特別控除の仕組み

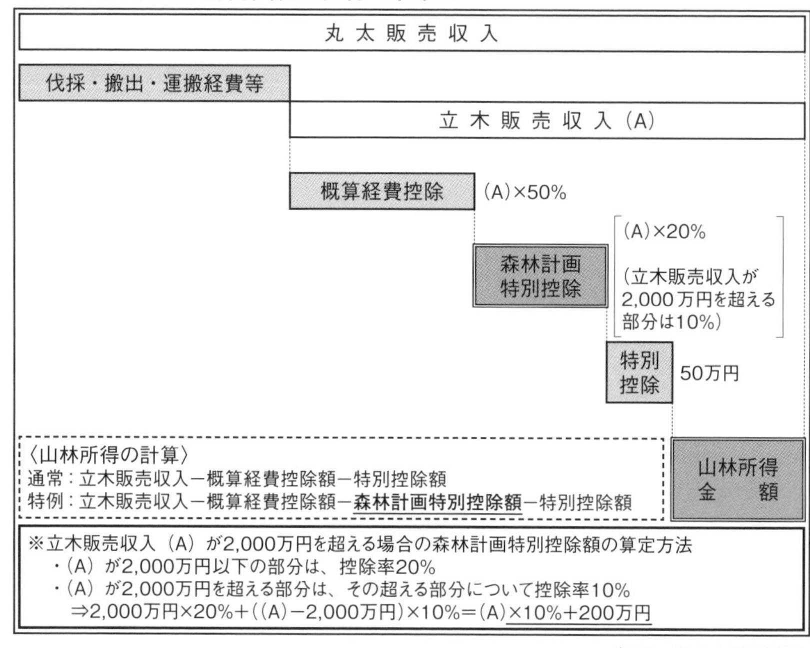

（出典：農林水産省資料）

(4)適用期間

この山林所得に係る森林計画特別控除について、適用期限が令和8年12月31日まで2年延長されます。

森林環境税・森林環境譲与税の改正

POINT!

- ■森林環境税が創設され令和６年度から1,000円の課税
- ■市町村が住民税と併せて徴収、都道府県を通じ国に払い込む
- ■森林環境譲与税の基準の私有林人工林面積の譲与割合が100分の55に変更
- ■森林環境譲与税の基準の人口の譲与割合が100分の25に変更

森林環境税及び森林環境譲与税に関する法律28

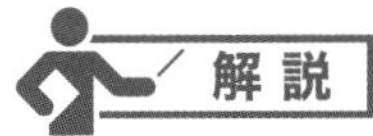

(1)森林環境税および森林環境譲与税の仕組み

森林環境税とは、令和6年度から、個人住民税均等割の枠組みを用いて、国税として1人年額1,000円を市町村が賦課徴収するものです。また、森林環境譲与税とは、市町村による森林整備の財源として令和元年度から、市町村と都道府県に対して、私有林人工林面積、林業就業者数および人口による客観的な基準で按分して譲与されるものです。

森林環境譲与税は、森林環境税及び森林環境譲与税に関する法律に基づき、市町村においては、間伐等の「森林の整備に関する施策」と人材育成・担い手の確保、木材利用の促進や普及啓発等の「森林の整備の促進に関する施策」に充てることとされています。

また、都道府県においては「森林整備を実施する市町村の支援等に関する費用」に充てることとされています。

森林環境税および森林環境譲与税の制度設計のイメージ

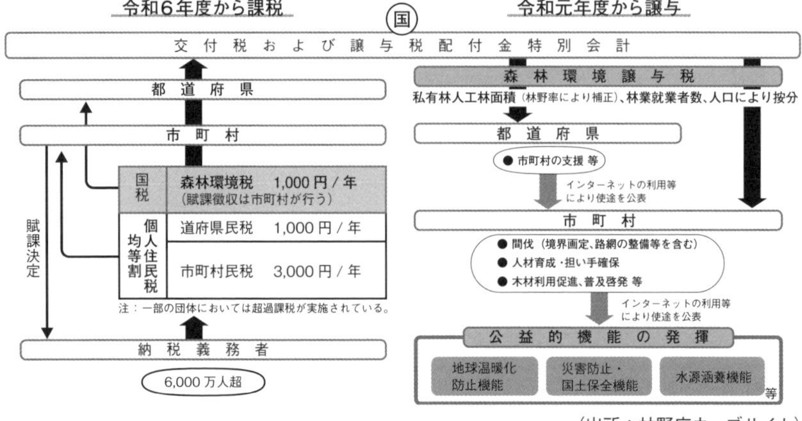

（出所：林野庁ウェブサイト）

(2)森林環境譲与税の改正

森林環境譲与税は、森林環境税の収入額に相当する額とされ、市町村および都道府県に対して譲与されています。

①譲与基準の改正

1) 市町村に対し、森林環境譲与税の10分の9に相当する額が、私有林人工林面積、森林就業者数、人口で按分して譲与されます。譲与基準は、私有林人工林面積の割合が10分の5、森林就業者数の割合が10分の2、人口の割合が10分の3として按分されていました。
令和6年度税制改正により、その額の100分の55（改正前：10分の5）の額を私有林人工林面積で、10分の2の額を森林就業者数（改正なし）で、100分の25（改正前：10分の3）の額を人口で按分して譲与されることになります。

2) 森林環境譲与税の10分の1に相当する額は、都道府県に対し、市町村と同様の基準で按分して譲与されます。

②私有林人工林面積の補正

市町村の私有林人工林面積は、次のとおり林野率により補正されます。

私有林人工林面積の補正の方法

区分	補正の方法
林野率85%以上の市町村	私有林人工林面積を1.5倍に割増し
林野率75%以上85%未満の市町村	私有林人工林面積を1.3倍に割増し

(3)令和元年度から令和5年度までの財源

令和元年度から令和5年度までの間における森林環境譲与税は、交付税および譲与税配付金特別会計における借入金をもって充てられていました。

(4)令和6年度から令和14年度までの交付額

令和6年度から令和14年度までの間における森林環境譲与税は、森林環境税の収入額から借入金の償還金および利子の支払いに要する費用等に相当する額を控除した額とされます。

ただし、令和6年度においては借入金の償還は行われません。償還額には、令和元年度から令和5年度までの利子の支払いに要した費用等に相当する額が、各年度の借入金の償還額に応じて加算されます。

(5)森林環境譲与税の市町村および都道府県への譲与割合

森林環境譲与税の市町村および都道府県への譲与割合は、次のとおりとされます。

森林環境譲与税の市町村および都道府県への譲与割合

期間	市町村	都道府県
令和元年度	100分の80	100分の20
令和2年度から令和3年度まで	100分の85	100分の15
令和4年度から令和5年度まで	100分の88	100分の12
令和6年度から	100分の90	100分の10

7 所得税の各種非課税措置および差押え禁止措置の延長

POINT!

■自立支援のための貸付金免除益や保育・子育て助成事業等に対する給付金等については所得税の非課税措置が継続

■生活困窮者住居確保給付金、児童手当、生活保護法および雇用保険法の給付金等についても所得税の非課税、差押え禁止が継続

措法41の8

(1)児童養護施設退所者等に対する貸付金免除益の非課税

児童養護施設退所者等に対する自立支援資金貸付事業による金銭の貸付けにつき、その貸付けに係る債務の免除を受ける場合には、免除により受ける経済的な利益の価額については、引き続き所得税が課されません。

(2)ひとり親家庭への住宅支援資金の貸付金免除益の非課税

ひとり親家庭高等職業訓練促進資金貸付事業による住宅支援資金の貸付けにつき、その貸付けに係る債務の免除を受ける場合には、免除により受ける経済的な利益の価額については、引き続き所得税が課されません。

(3)保育・子育て助成事業の給付金の非課税

児童福祉法の改正に伴い、国または地方公共団体が行う保育その他の子育てに対する助成をする事業等により給付される金品に係る非課税所得について、次の措置が講じられます。

①改正後の子育て短期支援事業に係る施設の利用に要する費用に充てるため給付される金品について、引き続き所得税が課されません。

②親子関係形成支援事業に係る施設の利用に要する費用に充てるた

め給付される金品について、所得税が課されません。

(4)犯罪被害者等給付金の非課税

犯罪被害者等給付金の支給等による犯罪被害者等の支援に関する法律の犯罪被害者等給付金について、所要の法令改正に伴い、引き続き次の措置が講じられます。

①所得税が課されません。

②国税の滞納処分による差押えが禁止されます。

(5)児童手当の非課税

児童手当法の改正に伴い、児童手当について引き続き次の措置が講じられます。

①所得税が課されません。

②国税の滞納処分による差押えが禁止されます。

(6)生活困窮者住居確保給付金の非課税

生活困窮者自立支援法の改正に伴い、生活困窮者住居確保給付金について引き続き次の措置が講じられます。

①所得税が課されません。

②国税の滞納処分による差押えが禁止されます。

(7)生活保護法の進学・就職準備給付金の非課税

生活保護法の改正に伴い、進学・就職準備給付金について次の措置が講じられます。

①所得税が課されません。

②国税の滞納処分による差押えが禁止されます。

(8)雇用保険法等の出生・育児・教育等の給付金の非課税

雇用保険法等の改正に伴い、雇用保険法の失業等給付および育児休業給付について引き続き次の措置が講じられるとともに、新たに支給されることとなる出生後休業支援給付金、育児時短就業給付金および教育訓練休暇給付金等について次の措置が講じられます。

①所得税が課されません。

②国税の滞納処分による差押えが禁止されます。

(9)予防接種法の健康被害救済給付の非課税

新たなワクチン追加後の予防接種法の健康被害救済給付について、所要の法令改正に伴い、引き続き次の措置が講じられます。

①所得税が課されません。

②国税の滞納処分による差押えが禁止されます。

③障害年金を受けている人が障害者等に対する少額貯蓄非課税制度の対象者とされます。

(10)適用関係

これらの改正は諸法規の改正に伴い、令和6年分の所得税から適用されます。

8 政党等に寄附した場合の寄附金控除または特別控除制度の延長

POINT!

- ■政党等寄附金特別控除制度は寄附金控除と税額控除の選択が可
- ■高額所得者以外は30%の税額控除が有利
- ■これらの特例が令和11年12月31日まで5年延長

措法41の18

(1)概要

個人が平成7年1月1日から令和11年12月31日までに支払った政党または政治資金団体に対する政治活動に関する寄附金で一定のもの（政党等に対する寄附金）については、支払った年分の所得控除としての「寄附金控除」か、その年分の所得税の税額控除の「寄附金特別控除」のいずれか有利な方を選択することができます。

寄附金控除と寄附金特別控除のどちらが有利となるかは、所得金額や寄附金額によって異なります。通常は税額控除の方が有利になりますが、高額所得者の場合は30%の税額控除より、所得控除の方が有利になる場合もあります。

「一定のもの」とは、政治資金規正法第3条第2項に規定する政党および政治資金規正法第5条第1項第2号に規定する政治資金団体に対する政治活動に関する寄附（同法の規定に違反することとなるものおよびその寄附をした人に特別の利益が及ぶと認められるものを除く）で、政治資金規正法第12条または第17条の規定による報告書により報告されたものをいいます。

(2)対象者

政党または政治資金団体に対する政治活動に関する寄附をした人が対象です。

(3)寄附金控除の計算方法は「所得控除」

寄附金控除は、15個ある所得控除のうちの1つです。所得控除とは、所得から差し引くことができる項目のことで、ほかにも医療費控除、社会保険料控除、生命保険料控除、ひとり親控除などがあります。

所得控除が適用されると、所得から一定額を差し引くことができるので、当然所得控除は多いほど税金計算では有利になります。

寄附金控除額の計算式は、以下のとおりです。

寄附金控除額＝（支払った特定寄附金の額と総所得金額等の合計額の40%）とのいずれか少ない金額－2,000円

(4)寄附金特別控除の計算方法

寄附金特別控除とは、以下の3つの特別控除をいいます。

①政党等寄附金特別控除
②認定NPO法人等寄附金特別控除
③公益社団法人等寄附金特別控除

3つの特別控除は以下の方法により計算します。

これらの特別控除は住宅借入金等特別控除を適用した後の所得税の額から控除することになります。

政党等に寄附した場合の所得税の特別控除は、他の寄附金特別控除より控除率が低くなっていますので、通常は課税所得が900万円以下なら政党等寄附金特別控除（税額控除）、課税所得金額が900万円超なら寄附金控除（所得控除）が有利になります。

①政党等寄附金特別控除 (政党等に寄附した金額－2,000円)×30%
②認定NPO法人等寄附金特別控除 (認定NPO法人等に寄附した金額－2,000円)×40%
③公益社団法人等寄附金特別控除 (公益社団法人等に寄附した金額(一定要件あり)－2,000円)×40%

1) その年中に支払った政党等寄附金の額の合計額については、その年分の総所得金額等の40%が限度とされます。
2) 特定寄附金等の額がある場合で、政党等に対する寄附金の額の合計額にその特定寄附金等の額の合計額を加算した金額がその年分の総所得金額等の40%を超えるときは、その40%から特定寄附金等の額の合計額を控除した残額とされます。
3) 特定寄附金等の額がある場合にはその特定寄附金等の額の合計額から2,000円控除した残額とされます。
4) 控除額の100円未満の端数は切り捨てます。

(5)寄附金控除を受けるための確定申告の方法

政党等寄附金の所得税額の控除を受けるためには、原則として確定申告を行う必要があります。確定申告をすることで、その年の分の所得税から控除・還付を受けることができ、翌年の個人住民税から税額が減額されることになります。

(6)適用関係

この税額控除の特例の適用期限が令和11年12月31日まで5年延長されます。

9 一定の公益法人等に寄附した場合の所得税額特別控除の見直し

POINT!

■一定の公益法人等に対する寄附金には税額控除と所得控除がある

■適用対象法人の判定要件の実績判定期間を延長

■適用対象法人の寄附者数と寄附金額要件を年平均に緩和

■国立大学法人等の修学支援事業のための寄附金の使途要件を拡大

所法78②、措法41の18の3、措令26の28の2、措令附1二、措規19の10の5

(1)一定の公益法人等に寄附をした場合の概要

公益社団法人および公益財団法人等ならびに私立学校法人等の公益の増進に著しく寄与する一定の法人（特定公益増進法人）に対する寄附金で、一定の公益法人等の主たる目的である業務に関連する寄附金を支出した個人または法人については、所得控除方式と税額控除方式とのいずれかを選択適用して寄附金控除を受けることができます。所得税の場合、税額控除方式の控除率は寄附金額の40%、控除限度額は所得税額の25%となっています。

寄附金控除と寄附金特別控除のどちらが有利となるかは、所得金額や寄附金額によって異なりますが、通常は課税所得が1,800万円以下なら特定公益増進法人等寄附金特別控除（税額控除）、課税所得金額が1,800万円超なら寄附金控除（所得控除）が有利になります。

税額控除方式を選択すれば、寄附金控除制度の下限適用額が所得税も住民税も2,000円となっており、少額の寄附でも寄附金控除制度が活用できるようになっています。また、地方税での寄附金税額控除10%（都道府県4%、市町村6%）とあわせて、寄附金額の最大50%を税額控除することができます。

公益社団法人等に対する寄附金の税額控除

［その年中に支払った公益法人等に対する一定の要件を満たす寄附金の額の合計額 − 2,000円］ × 40% ＝ 税額控除額（所得税額の25%が限度額）

（出所：国税庁ウェブサイト）

(2)税額控除の対象となる寄附金

次に掲げる寄附金が税額控除の対象となります。

①一定の公益社団法人等に対する寄附金

②国公立学校法人等に対する修学支援事業等のための寄附金

③国公立大学法人等に対する研究者支援事業等のための寄附金

(3)適用対象となる学校法人等の判定基準の特例の新設

適用対象となる学校法人または準学校法人（学校法人等）等の年平均の判定基準寄附者数等により判定する要件（いわゆるパブリック・サポート・テスト（PST）の絶対値要件）について、学校法人等が次に掲げる要件を満たす場合には、その直前に終了した事業年度が令和6年4月1日から令和11年4月1日までの間に開始した事業年度である場合の実績判定期間を5年間から2年間に短縮する特例措置が新設されました。

①判定基準寄附者数（3,000円以上の寄附者）が年間100人以上であることという要件および寄附金の額の金額が年平均30万円以上であることとする要件につき、年平均でなく事業年度毎に満たしていること。

②学校法人等の直前に終了した事業年度終了の日以前2年内に終了した各事業年度のうち最も古い事業年度開始の日から起算して5年前の日以後（実績判定期間中）に、税額控除に係る証明書が発行されていないこと。

③私立学校法に規定する事業に関する中期的な計画その他これに準ずる計画であって、学校法人等の経営改善に資するものを作成していること。

④税額控除に係る証明申請が令和7年度〜12年度の間に行われるものであること。

上記の各事業年度の判定基準寄附者数に係る要件については、改正前の学校法人等の設置する学校等の定員の合計数が5,000人に満たない事業年度に係る緩和措置、および学校法人等の公益目的事業費用等の額の合計額が1億円に満たない事業年度に係る緩和措置と同様の措置が講じられています。

学校法人等への個人寄附に係る税額控除の要件見直し

現行の要件

実績判定期間内（原則、直近５会計年度）に、

① **3,000円以上**の寄附金を支出した者（判定基準寄附者数）が、**年平均100人以上**

② 寄附金額が**年平均30万円以上**であること＊1、2

＊1 小規模法人向けの緩和措置あり

＊2 税額控除対象法人には、①寄附行為等の情報開示義務、②寄附者名簿の作成・保存義務が生じる

特例措置の新設

令和６年度税制改正による特例措置

以下の要件を満たす場合には、実績判定期間を５年間から**２年間に短縮**する。

＊この場合においても税額控除対象法人であることの証明書の有効期間は５年間となる。

■ 税額控除対象法人となるために必要な寄附者数・寄附金額といった実績要件を、**年度ごと**に満たしていること（小規模法人向けの緩和措置は引き続き適用）

■ 税額控除に係る証明申請が**令和７年度～ 12年度の間に行われる**ものであること

■ **経営改革に向けた具体的な取組みに係る計画を作成**していること（作成を求める計画の詳細については今後通知等で周知）

■ **実績判定期間中に、税額控除に係る証明を受けている期間が含まれない**こと

（出典：文部科学省「令和６年度 文部科学関係税制改正要望事項の結果（概要）」）

(4)国立大学法人等への寄附に係る税額控除対象事業の拡大

改正前は、国立大学法人等に対する個人寄附は、経済的理由により修学が困難な学生等の修学支援に係る事業と、不安定な雇用状態である研究者等に対する研究助成・能力向上のための事業を対象とする場合に限って税額控除を選択することができました。障害者や外国人留

学生等の修学についてもより円滑に進めることを目的として、次の措置が講じられます。

国立大学法人、公立大学法人または独立行政法人国立高等専門学校機構に対する寄附金のうち、適用対象となるその寄附金が学生等に対する修学の支援のための事業に充てられることが確実であるものの寄附金の使途に係る要件について、その使途の対象となる各法人の行う事業の範囲に、次に掲げる事業が加えられます。

①障害者に対する事業

障害のある学生等に対して、個々の学生等の障害の状態に応じた合理的な配慮を提供するために必要な事業

（この事業については、経済的理由により修学が困難な学生等を対象とする事業であることとの要件は適用されない）

②外国人留学生に対する事業

外国人留学生と日本人学生が共同生活を営む寄宿舎の寄宿料減額を目的として次に掲げる費用の一部を負担する事業

1）当該寄宿舎の整備を行う場合における施設整備費

2）民間賃貸住宅等を借り上げて当該寄宿舎として運営を行う場合における賃料

この改正によって、国立大学法人等への寄附金に係る所得税額控除の選択が拡大することになります。

国立大学法人等への寄附に係る税額控除対象事業の拡大

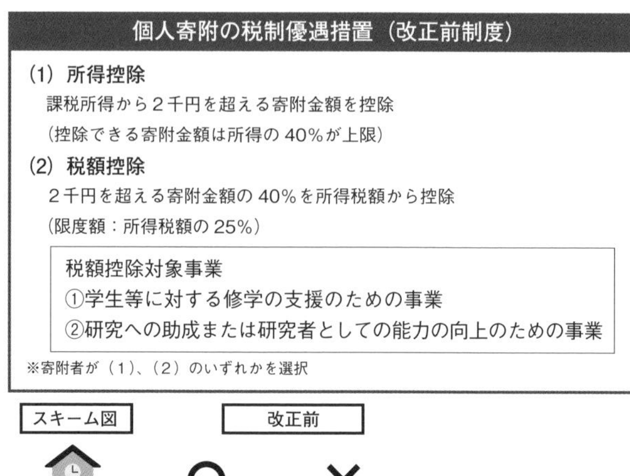

個人寄附の税制優遇措置（改正前制度）

（1）所得控除
課税所得から２千円を超える寄附金額を控除
（控除できる寄附金額は所得の 40％が上限）

（2）税額控除
２千円を超える寄附金額の 40％を所得税額から控除
（限度額：所得税額の 25％）

税額控除対象事業
①学生等に対する修学の支援のための事業
②研究への助成または研究者としての能力の向上のための事業

※寄附者が（1）、（2）のいずれかを選択

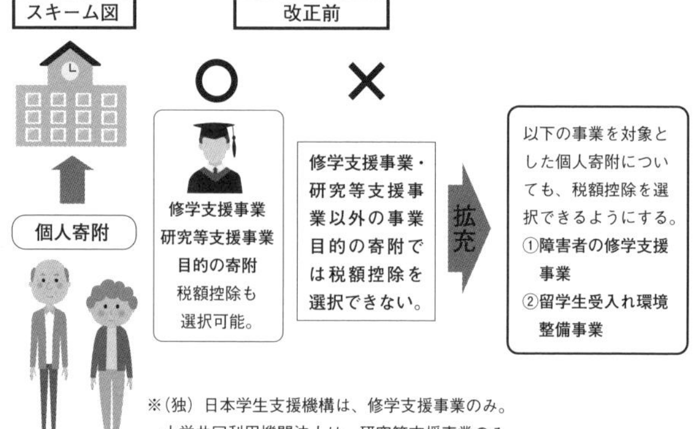

スキーム図
改正前
個人寄附
○
×
修学支援事業
研究等支援事業
目的の寄附
税額控除も
選択可能。
修学支援事業・研究等支援事業以外の事業目的の寄附では税額控除を選択できない。
拡充
以下の事業を対象とした個人寄附についても、税額控除を選択できるようにする。
①障害者の修学支援事業
②留学生受入れ環境整備事業
※（独）日本学生支援機構は、修学支援事業のみ。
大学共同利用機関法人は、研究等支援事業のみ。

（出典：文部科学省「令和６年度 文部科学関係税制改正要望事項の結果（概要）」）

(5)適用関係

この改正は、令和6年4月1日以後に支出する特定寄附金から適用されます。

10 国民健康保険税（料）の改正

POINT!

- ■後期高齢者支援金等に係る課税限度額等が22万円から24万円に引上げ
- ■5割軽減対象の世帯の軽減判定所得基準が29.5万円に引上げ
- ■2割軽減対象の世帯の軽減判定所得基準も54.5万円に引上げ

地令56の88の2②、56の89①、地令附5

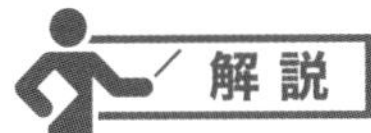

(1)後期高齢者支援金等課税額に係る課税限度額

国民健康保険税（料）の後期高齢者支援金等課税額に係る課税限度額が、改正前の22万円から改正後は24万円に引き上げられました。

課税限度額は令和4年度に19万円から20万円に、令和5年度に20万円から22万円に引き上げられており、高齢者の医療費の増加に歯止めが利かない現況においては、後期高齢者支援金等課税額に係る課税限度額の引上げは止まらないようです。

(2)国民健康保険税（料）の減額対象となる所得基準の引上げ

国民健康保険税（料）の減額対象となる所得基準が、次のとおり引き上げられました。

①5割軽減の対象となる世帯

5割軽減の対象となる世帯の軽減判定所得の算定において、被保険者の数に乗ずべき金額が、改正前の29万円から改正後は29万5,000円に引き上げられました。

②2割軽減の対象となる世帯

2割軽減の対象となる世帯の軽減判定所得の算定において、被保険者の数に乗ずべき金額が、改正前の53万5,000円から改正後は54万5,000円に引き上げられました。

軽減判定所得の算定において被保険者等の数に乗ずべき金額

	改正前	改正後
５割軽減の対象となる世帯	29 万円	29.5 万円
２割軽減の対象となる世帯	53.5 万円	54.5 万円

(3)適用関係

この改正は令和6年度分以後の国民健康保険税について適用されます。

国民健康保険税の課税限度額の見直しおよび低所得者に係る国民健康保険税の軽減判定所得の見直し

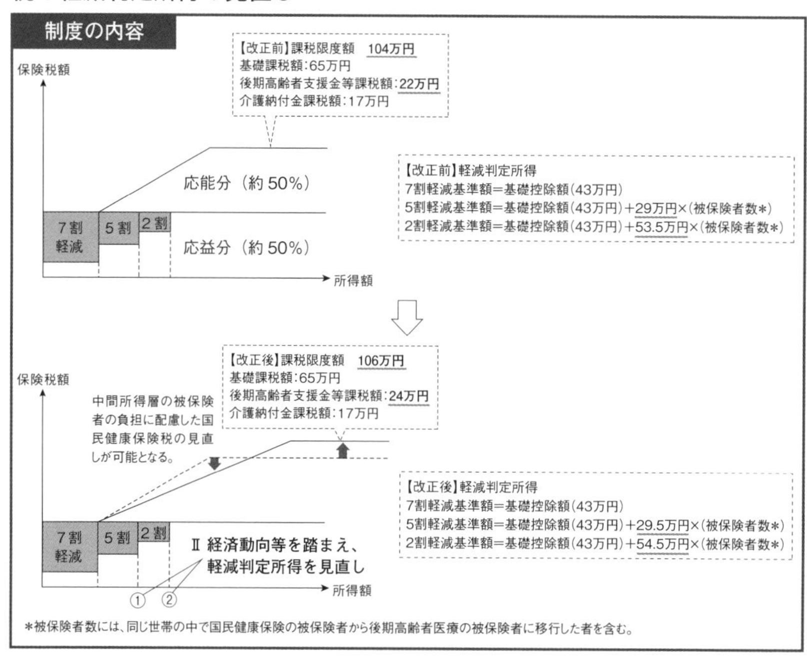

（出典：厚生労働省「令和６年度 税制改正の概要（厚生労働省関係）」）

第５章

金融税制の改正

令和６年度税制改正では、ストックオプション税制について、権利行使限度額の拡大や社外高度人材に係る要件などが見直されました。また、個人によるスタートアップ投資を促進するために、エンジェル税制の拡充が行われています。

そのほか、昨年の税制改正で抜本的な見直しが行われ令和６年１月からスタートした新NISA制度について、さらなる利便性向上が図られるなど、さまざまな措置が講じられています。

1 ストックオプション税制の権利行使限度額拡大等

POINT!

- ■権利行使価額の限度額を最大3,600万円まで引上げ
- ■株式保管委託要件の緩和で発行会社による株式の管理も可能に
- ■社外高度人材に新たに非上場企業の役員経験者等を追加
- ■国家資格保有者等の３年以上の実務経験要件の撤廃

措法29の2、措令19の3、措規11の3

(1)税制適格ストックオプションの概要

取締役や従業員等に付与される新株予約権の一種であるストックオプションでは、スタートアップの人材確保や従業員のモチベーション向上に資するため、次の要件を満たす場合、権利行使時における取得株式の時価と権利行使価格との差額の所得への課税が株式売却時まで繰り延べられます。

税制適格ストックオプションでは、権利行使時の経済的利益の課税は繰り延べられ、実際の株式売却時の売却価格と権利行使価格との差額は全て譲渡所得となり、申告分離課税の対象となる優遇措置が設けられています。

税制適格ストックオプションの要件

1. 付与対象者の範囲	自社および子会社（50%超）の取締役、執行役および使用人（ただし大口株主およびその特別関係者、配偶者を除く）および一定の要件を満たす社外高度人材 ➡ 本年の税制改正本文(5)参照
2. 所有株式数	発行済み株式の３分の１を超えない
3. 権利行使期間	付与決議日の２年後から10年後まで（設立から５年未満の非上場企業においては15年後まで）
4. 権利行使価額	権利行使価額が契約締結時の時価以上
5. 権利行使限度額	権利行使価格の合計額が年間で1,200万円を超えない ↓ 本年の税制改正本文(2)参照 ・一定の株式会社　3,600万円 ・設立５年未満の株式会社　2,400万円
6. 譲渡制限	他人への譲渡禁止
7. 発行形態	無償であること
8. 株式の交付	会社法に反しないこと
9. 保管・管理など契約	証券会社等と契約していること 本年の税制改正本文(3)参照 新株予約権を与えられた者と新株予約権の行使に係る株式会社との間で締結される一定の要件を満たす行使により交付をされる株式（譲渡制限株式に限る）の管理等に関する契約に従って、株式会社により株式の管理等がされることの要件を満たす場合 ↓ 証券会社等の保管・管理は不要
10. その他事務手続き	法定調書、権利者の書面等の提出

税制適格ストックオプションの概要

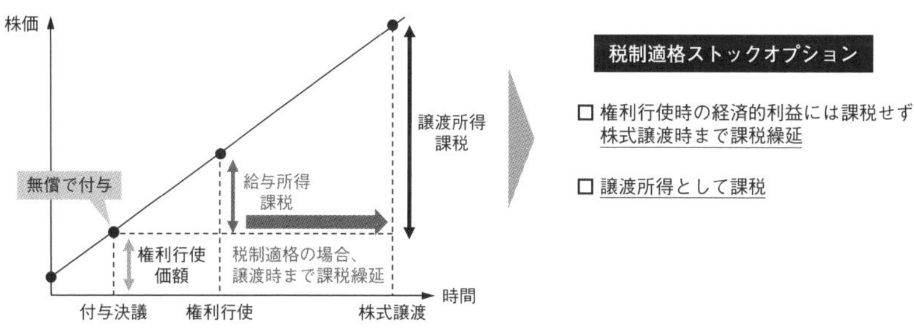

（出典：経済産業省「令和6年度（2024年度）経済産業関係 税制改正について」）

第5章 金融税制の改正

(2)権利行使限度額の引上げ

年間権利行使価額の上限の推移

平成８年度改正（創設）	500万円
平成10年度改正	1,000万円
平成14年度改正（現在まで）	1,200万円

ユニコーン企業を目指してスタートアップが大きく成長するためには、レイター期から上場前後の企業価値が高くなった時期に、さらなる成長に必要な優秀な人材を採用する必要があります。

スタートアップの人材獲得力向上のため、一定の株式会社※が付与するストックオプションについて、年間の新株予約権の権利行使価額の限度額が、1,200万円から最大で改正前の3倍となる3,600万円へ引き上げられました。

改正後の具体的な限度額は、設立の日以後の期間が5年未満の株式会社が付与する新株予約権については、2,400万円に、一定の株式会社が付与する新株予約権については、3,600万円となっています。

※「一定の株式会社」とは設立の日以後の期間が5年以上20年未満の株式会社で、非上場会社であるものまたは上場会社のうち上場等の日以後の期間が5年未満であるものをいいます。

なお、設立後20年以上の株式会社については、年間権利行使価額の限度額（1,200万円）に変更はありません。

設立後５年未満の株式会社		2,400万円
設立後５年以上20年未満	非上場株式会社	3,600万円
	上場後５年未満の株式会社	3,600万円
上記以外の株式会社		1,200万円

(3)株式会社による株式の管理も可能に

その行使に係る株式会社と契約により新株予約権を与えられた者との間であらかじめ締結される新株予約権の行使により交付をされる株式会社の株式（譲渡制限株式に限る）の管理に関する取決め（この取決めがあるものを以下「特定株式等」という）に従い、取得後直ちに株式会社により管理がされる場合には、「新株予約権の行使により取得をする株式につき金融商品取引業者等の営業所等に保管の委託等がされること」との要件を満たすことが不要とされます。

その際、株式の管理に関する取決めに従い特定株式等の管理をしている株式会社は、その異動状況に関する調書を毎年1月31日までに税務署長に提出しなければなりません。

発行会社自身による株式管理スキームの創設

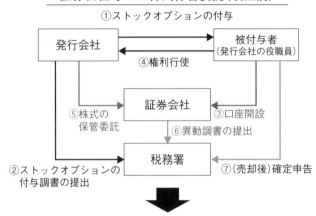

証券会社等への株式保管委託（改正前）

①ストックオプションの付与
発行会社
被付与者（発行会社の役職員）
④権利行使
証券会社
⑤株式の保管委託
③口座開設
⑥異動調書の提出
税務署
②ストックオプションの付与調書の提出
⑦（売却後）確定申告

発行会社による株式の管理（改正後新設）

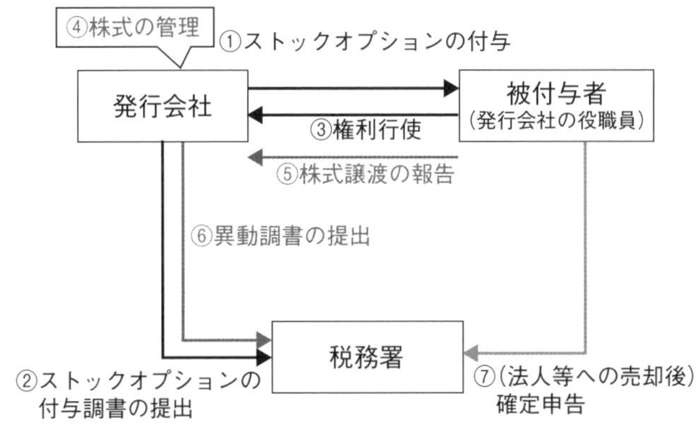

（出典：経済産業省「令和6年度（2024年度）経済産業関係 税制改正について」）

(4)特定株式等の譲渡があったものとみなされる場合

管理契約の解約または終了等の下記の事由により、特定株式等の全部または一部の返還または移転があった場合には、その事由が生じた時に、特定株式等の譲渡等があったものとみなされ、所得税等が課されます。

①金融商品取引業者等または株式会社による管理契約の解約または終了

②贈与（法人に対するものおよび公益信託の受託者である個人に対するもの（その信託財産とするためのものに限る）を除く）または相続（限定承認に係るものを除く）もしくは遺贈（法人に対するものならびに公益信託の受託者である個人に対するもの（その信託財産とするためのものに限る）および個人に対する包括遺贈のうち限定承認に係るものを除く）

③管理契約の取決めに従ってされる譲渡以外の譲渡で時価額より低い価額で行われるもの（所得税法59①二の譲渡を除く）

(5)社外高度人材に係る要件についての見直し

①実務経験要件の廃止

改正前の「3年以上の実務経験があること」の要件は、金融商品取引所に上場されている株式等の発行者である会社の役員については「1年以上の実務経験があること」とされ、国家資格を有する者・博士の学位を有する者および高度専門職の在留資格をもって在留している者については廃止されました。

②社外高度人材の範囲拡大

社外高度人材の範囲に、図表に掲げる者が加えられました。（中小企業等経営強化法施行規則4）

社外高度人材に係る要件の改正前後の比較

<table>
<tr><th></th><th colspan="3">改正前</th><th colspan="3">改正後</th></tr>
<tr><td>国家資格
（弁護士・会計士等）</td><td colspan="2">国家資格を保有</td><td>3年以上の実務経験</td><td colspan="2">国家資格を保有</td><td>削除</td></tr>
<tr><td>博士</td><td colspan="2">博士の学位を保有</td><td>3年以上の実務経験</td><td colspan="2">博士の学位を保有</td><td>削除</td></tr>
<tr><td>高度専門職</td><td colspan="2">高度専門職の在留資格をもって在留</td><td>3年以上の実務経験</td><td colspan="2">高度専門職の在留資格をもって在留</td><td>削除</td></tr>
<tr><td>教授・准教授</td><td colspan="3">なし</td><td colspan="3">教授および准教授</td></tr>
<tr><td>企業の
役員経験者</td><td colspan="2">上場企業で</td><td>3年以上の役員経験</td><td colspan="2">上場企業
または
一定の非上場企業で</td><td>役員・執行役員等
（重要な使用人）の
経験が1年以上</td></tr>
<tr><td>先端人材</td><td colspan="3">将来成長発展が期待される分野の
先端的な人材育成事業に選定され従事していた者</td><td colspan="3">将来成長発展が期待される分野の
先端的な人材育成事業に選定され従事していた者</td></tr>
<tr><td rowspan="4">エンジニア・
営業担当者・
資金調達従事
者等</td><td rowspan="4">過去
10年間</td><td rowspan="4">製品または役務の開発に2年以上従事</td><td rowspan="4">一定の売上高要件を満たす</td><td rowspan="4">過去
10年間</td><td>製品または役務の開発に2年以上従事</td><td>一定の売上高要件を満たす</td></tr>
<tr><td>製品または役務の開発に2年以上従事</td><td>一定の支出要件を満たす</td></tr>
<tr><td>製品または役務の販売活動に
2年以上従事</td><td>一定の売上高要件を満たす</td></tr>
<tr><td>資金調達活動に
2年以上従事</td><td>一定の資本金等要件を満たす</td></tr>
</table>

（出典：経済産業省「令和6年度（2024年度）経済産業関係 税制改正について」）

(6)その他

①認定新規中小企業者等の要件緩和

認定新規中小企業者等に係る要件のうち「新事業活動に係る投資および指導を行うことを業とする者が新規中小企業者等の株式を最初に取得する時において、資本金の額が5億円未満かつ常時使用する従業員の数が900人以下の会社であること」との要件が廃止されます。

②電磁的記録の提供

一定の事項について書面等の提出に代え、電磁的方法によりその書面等に記載すべき事項を記録した電磁的記録で提供できるとされました。

(7)適用関係

(2)の規定は令和6年分の所得税から適用されます。

(3)から**(6)**の規定は令和6年4月1日以後の特定株式等の取引について適用されます。

2 個人によるスタートアップ投資を促進するためのエンジェル税制の拡充

POINT!

■一定の新株予約権を行使して株式を取得した際に、要件を満たせば新株予約権の取得金額も税制対象に追加

■指定金銭信託（単独運用）を通じた投資も対象に

■特例の適用を受けた控除対象特定株式と同一銘柄株式の取得価額の計算方法を明確化

■国家戦略特別区域法・地域再生法に規定する一定事業を行う株式会社の申請手続きの書類等を簡素化

措法37の13、37の13の2、37の13の3、41の19、措令25の12、25の12の2、25の12の3、26の28の3、措規18の15、18の15の2、19の11

解 説

(1)エンジェル税制の概要

エンジェル税制は、スタートアップ企業へ投資を行った個人投資家に対して税制上の優遇措置が適用される制度です。個人投資家がスタートアップ企業に対して投資を行った場合に、①投資時点と、②売却時点のいずれの時点でもこの優遇措置を受けることができます。

また、民法組合・投資事業有限責任組合経由の投資についても、直接投資と同様にエンジェル税制の対象となります。

①投資した年に受けられる優遇措置

令和５年度税制改正以前のエンジェル税制では、対象となる特定中小会社へ投資した年に、優遇措置Ａと優遇措置Ｂのいずれかを選ぶことができました。

令和5年度税制改正により、投資額をその年の株式譲渡益から控除し、年間20億円までは非課税となるプレシード・シード特例と起業特例が新設され、投資した年の優遇措置の選択肢は4つとなりました。

エンジェル税制の全体像と改正内容

税制措置の概要

投資時点

以下のいずれかの措置を利用可能

エンジェル投資	優遇措置A	・(投資額-2,000円)を**その年の総所得金額**から控除し課税繰延 ・控除上限は800万円 or 総所得金額×40%のいずれか低い方
エンジェル投資	優遇措置B	・投資額を**その年の株式譲渡益**から控除し課税繰延 ・控除上限はなし
エンジェル投資	プレシード・シード特例	・投資額を**その年の株式譲渡益**から控除し**非課税** ・控除上限はなし（年間20億円までは**非課税**）
起業	起業特例	・投資額を**その年の株式譲渡益**から控除し**非課税** ・控除上限はなし（年間20億円までは**非課税**）

株式譲渡時点	譲渡損失が発生した場合※、その年の他の株式譲渡益と通算可能（翌年以降３年にわたり可能）なお、破産、解散等した場合も可能

※スタートアップへ投資した年に優遇措置を受けた場合には、その控除対象金額のうち、課税繰延分を取得価額から差し引いて譲渡損失（譲渡益）を算定

拡充等の主な内容

① 新株予約権の取得金額も対象に

改正前制度は株式の取得のみが対象となっていたところ、一定の新株予約権を行使して株式を取得した際に要件を満たせば、当該新株予約権の取得金額も税制の対象に加える。

② 信託を通じた投資も対象に

改正前制度ではスタートアップへの直接投資のほか、民法上の任意組合や投資事業有限責任組合（LPS）経由の投資が対象となっていたが、指定金銭信託（単独運用）を通じた投資も加える。

※このほか、都道府県が交付する確認書の電子化等の利便性向上を行う。

令和7年度税制改正にて検討

③ 再投資期間の延長は継続検討

与党税制改正大綱において、株式譲渡益を元手とする再投資期間の延長は、令和7年度税制改正において引き続き検討する方針が明記された。

（出典：経済産業省「令和6年度（2024年度）経済産業関係 税制改正について」）

②株式を売却した年に受けられる優遇措置

対象となるスタートアップ企業の株式売却により生じた損失を、その年の他の株式譲渡益と通算（相殺）できるだけでなく、その年に通算しきれなかった損失については、翌年以降3年にわたって順次、株式譲渡益と通算ができます。

【出口】譲渡時の優遇措置

特定中小会社等（スタートアップ企業）株式の売却により損失が生じたとき

➡ その年の他の株式譲渡益から損失額を控除可能

譲渡年に控除しきれなかった損失額

➡ 翌年以降3年間にわたって繰越控除可能

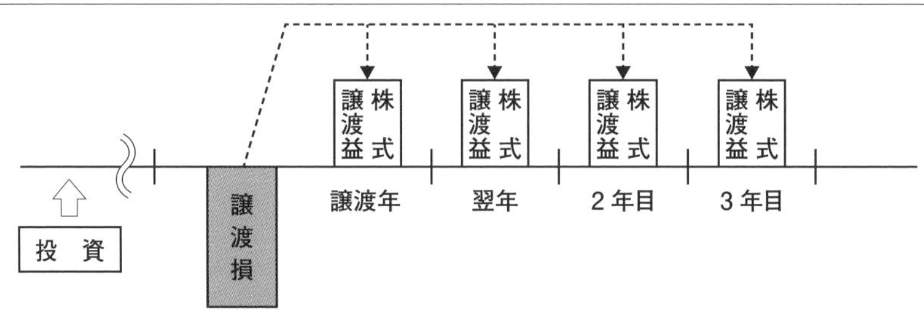

③エンジェル税制における株式取得方法

エンジェル税制の適用を受けるための株式を取得するには、下図の3つの方法があります。

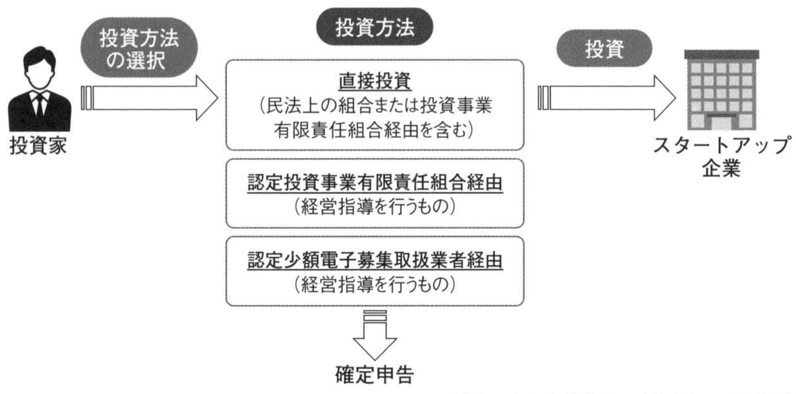

（出所：中小企業庁ウェブサイト、一部改変）

(2)新株予約権の取得に要した金額を適用対象に

適用対象となる特定新規中小企業者に該当する株式会社等により発行される特定株式の取得に要した金額の範囲に、特定株式がその株式会社等により発行された一定の新株予約権の行使により取得をしたものである場合に、その新株予約権の取得に要した金額が加えられています。

改正の概要

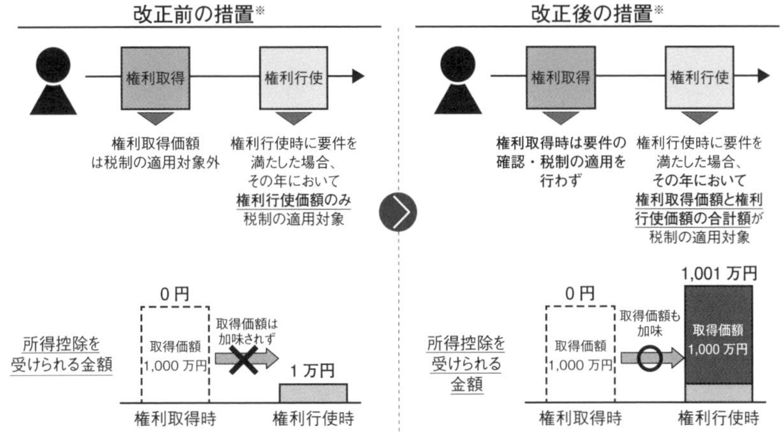

※:1,000万円で権利行使価額1円の新株予約権を1万個取得した場合

（出典：経済産業省「令和6年度（2024年度）経済産業関係 税制改正について」）

有償新株予約権の取得に当たってのエンジェル税制の適用について、その新株予約権の取得時点ではなく権利行使時点で全ての要件を確認し、要件を満たした場合には権利行使をした年において行うこととされます。

図の例で、改正前までは権利行使時の1万円のみが特例の適用対象でしたが、改正後は権利行使時の取得価額1,000万円と権利行使価額1万円のあわせて1,001万円が対象となります。

(3)指定金銭信託（単独運用）を通じた投資を適用の対象に

特定株式を一定の指定金銭信託（単独運用）を通じて投資した場合も適用対象に加えられました。

(4)その他

この特例の適用を受けた控除対象特定株式に係る同一銘柄株式の取得価額の計算方法について、特定新規中小会社が発行した株式を取得した場合の課税の特例の適用を受けた控除対象特定新規株式に係る同一銘柄株式の取得価額の計算方法と同様とする見直しが行われました。

(5)優遇措置Ａにおける手続きの簡素化等

特例の適用対象となる国家戦略特別区域法・地域再生法に規定する特定事業を行う株式会社に係る確認手続きについて、下記に掲げる書類については国家戦略特別区域担当大臣・認定地方公共団体へ提出する申請書への添付を要しないこととされました。

①株式の発行を決議した株主総会の議事録の写し、取締役の決定があったことを証する書面または取締役会の議事録の写し

②個人が取得した株式の引受けの申込みまたはその総数の引受けを行う契約を証する書面

(6)適用関係

令和６年４月１日以後に払込みにより取得する特定株式等ついて適用されます。

3 NISAの利便性向上等

POINT!

■金融機関変更に伴う通知書の電磁的方法による提供等の実現

■一定の新株予約権についてもNISA口座で受け入れが可能に

措法37の14、37の14の2、措令25の13、25の13の8

解説

(1) 令和6年以後の新NISA制度（令和5年度税制改正）の概要

	つみたて投資枠	併用可 成長投資枠
年間投資枠	120万円	240万円
非課税保有期間(注1)	無期限化	無期限化
非課税保有限度額（総枠）(注2)	1,800万円 ※簿価残高方式で管理（枠の再利用が可能）	
		1,200万円（内数）
口座開設期間	恒久化	恒久化
投資対象商品	積立・分散投資に適した一定の投資信託 （旧つみたてNISA対象商品と同様）	上場株式・投資信託等(注3) （①整理・監理銘柄 ②信託期間20年未満、高レバレッジ型および毎月分配型の投資信託等を除外）
対象年齢	18歳以上	18歳以上
旧制度との関係	2023年末までに旧一般NISAおよび旧つみたてNISA制度において投資した商品は、新しい制度の外枠で、旧制度の非課税措置を適用 ※旧制度から新しい制度へのロールオーバーは不可	

（注1）非課税保有期間の無期限化に伴い、旧つみたてNISAと同様、定期的に利用者の住所等を確認し、制度の適正な運用を担保

（注2）利用者それぞれの非課税保有限度額については、金融機関から一定のクラウドを利用して提供された情報を国税庁において管理

（注3）金融機関による「成長投資枠」を使った回転売買への勧誘行為に対し、金融庁が監督指針を改正し、法令に基づき監督およびモニタリングを実施

（注4）2023年末までにジュニアNISAにおいて投資した商品は、5年間の非課税期間が終了しても、所定の手続きを経ることで、18歳になるまでは非課税措置が受けられることとなっているが、今回その手続きを省略することとし、利用者の利便性向上を手当て

（金融庁「令和5年度（2023）税制改正について」を参考に作成）

①つみたて投資枠（特定累積投資勘定）の非課税措置等

居住者等が開設した非課税口座の特定累積投資勘定に係る公募等株式投資信託（金融商品取引所に上場等がされているもの、またはその設定に係る受益権の募集が一定の公募により行われたもの）の配当等や譲渡益については、所得税および個人住民税が課されません。

また、この公募等株式投資信託の受益権の譲渡等による損失金額は、所得税および個人住民税の計算上ないものとみなされます。

②成長投資枠（特定非課税管理勘定）の非課税措置等

居住者等が開設した非課税口座の特定非課税管理勘定に係る上場株式等の配当等や譲渡益については、所得税および個人住民税を課されません。

また、この上場株式等の譲渡等による損失金額は、所得税および個人住民税の計算上ないものとみなされます。

③特定累積投資勘定とは

特定累積投資勘定は、原則として令和6年1月1日以後の各年1月1日において設けられ、公募等株式投資信託の受益権の管理はこの特定累積投資勘定において行われます。

特定累積投資勘定では次に掲げる公募等株式投資信託の受益権のみが受け入れられます。

1）その年の取得対価の額の合計額が120万円を超えないもの

2）その年の特定累積投資勘定および特定非課税管理勘定の取得対価の額の合計額と特定累積投資勘定基準額（特定累積投資勘定および特定非課税管理勘定に前年に受け入れている上場株式等の購入の代価の額等）の合計額が1,800万円を超えないこと

3）公募等株式投資信託の受益権の分割等により取得するもの

④特定非課税管理勘定とは

非課税口座で管理される上場株式等の記録を他の取引に関する記録と区分して行うための勘定で、特定累積投資勘定と同時に設けられるものをいいます。

特定非課税管理勘定では次に掲げる上場株式等のみが受け入れられます。

1）その年に取得した特定上場株式等で取得対価の額の合計額が240万円を超えないもの

2) 特定非課税管理勘定に係る上場株式等の分割等により取得する上場株式等

新NISAのポイント

つみたて投資枠と成長投資枠の併用が可能	旧NISAではつみたて枠、一般枠の併用は不可能で選択制となっていましたが、新NISAではつみたて投資枠と成長投資枠の併用が可能となり、年間投資枠はあわせて最大360万円となります。
非課税保有限度額	非課税保有限度額の総枠は1,800万円（うち成長投資枠は1,200万円まで）に拡充されています。
非課税保有期間の無期限化・口座開設の恒久化	旧NISAでつみたて20年、一般5年とされていた非課税期間は撤廃され、投資期間は無期限となっています。
譲渡損失の取扱い	公募等株式投資信託の受益権、上場株式等の譲渡等による損失金額は、所得税等の計算上ないものとみなされます。損失について、他の一般口座や特定口座との損益通算はできません。（旧NISAと同様の取扱い）
ロールオーバー・課税口座への払出し時の欠点が解消	旧一般NISAでは、5年間の非課税期間が満了したあと、さらに5年間株式等を継続投資することが可能でしたが、このロールオーバー時に損失が生じても他の株式譲渡益と通算できず、課税口座への払出し時に簿価が切り下がり、将来の税負担が増える等のデメリットがありました。 非課税保有期間の無期限化により、これらの懸念は解消されます。
簿価残高方式での管理	非課税保有限度額の管理をNISA口座内の簿価（取得価格）残高で管理する方式のことを簿価残高方式といいます。前年末の簿価残高（特定累積投資勘定基準額）に当年の投資簿価取得額を足す計算で残高の管理が行われます。 年末までに売却した部分については非課税保有限度額の枠が空くこととなり、翌年以降、その非課税枠の再利用が可能となります。
金融機関のモニタリング	成長投資枠を使った金融機関の回転売買による過度な勧誘などについて、金融庁が監督およびモニタリングを実施する方針です。

(2)廃止通知書等の電磁的方法による提供

廃止通知書等について、新しいNISAの利便性向上等のため、デジタル化が十分に進んでいない手続き等について改善が図られました。

①金融商品取引業者等の営業所の長は、廃止通知書の交付に代えて、電磁的方法により当該廃止通知書に記載すべき事項を提供できる。

②非課税口座を開設しまたは開設していた居住者等は、書面による廃止通知書の提出または非課税口座開設届出書への添付に代えて、電磁的方法による提出等ができる。

(3)非課税口座内上場株式等について新株予約権の行使等による金銭払込みで取得したものの取扱い

非課税口座内上場株式等について与えられた新株予約権で一定のものの行使等に際して金銭の払込みをして取得した上場株式等について下記の改正が行われました。

①その上場株式等を、非課税口座が開設されている金融商品取引業者等を経由して払込みをすることならびに金融商品取引業者等への買付けの委託等により取得した場合と同様の受入期間および取得対価の額の合計額に係る要件その他の要件を満たす場合に限り、特定非課税管理勘定に受け入れることができる。

②その上場株式等を、非課税管理勘定または特定非課税管理勘定に受け入れることができる非課税管理勘定または特定非課税管理勘定に係る上場株式等の分割等により取得する上場株式等の範囲から除外する。

③その上場株式等を、特定口座に受け入れることができる上場株式等の範囲に加える。

(4)金融商品取引業者等の口座管理機関の要件緩和

非課税口座内上場株式等の配当等に係る金融商品取引業者等の要件について、国外において発行された株式の配当等に係る支払いの取扱者で、その者に開設されている非課税口座においてその株式のみを管理していること、その他の要件を満たす場合には、口座管理機関に該当することとの要件が不要とされました。

(5)金融商品取引業者等の通知方法変更

累積投資上場株式等の要件のうち上場株式投資信託の受益者に対する信託報酬等の金額の通知要件について廃止するとともに、特定非課税管理勘定で管理する公募株式投資信託について、非課税口座が開設されている金融商品取引業者等は、その受益者に対して公募株式投資信託に係る信託報酬等の金額を通知することとされました。

(6)適用関係

令和6年4月1日から適用が開始されます。

4 その他の金融税制の改正

(1)公共法人等および公益信託等に係る非課税および金融機関等の受ける利子所得等に対する源泉徴収の不適用の適用対象拡大

所法11、所令51の3、51の4、措法8、措令3の3

①改正の概要

公共法人等および公益信託等に係る非課税および金融機関等の受ける利子所得等に対する源泉徴収の不適用の適用対象に、電子記録移転有価証券表示権利等（トークン化有価証券など※）に該当する社債等（金融商品取引業者等によって一定の要件を満たす方法により管理されるもの）の利子等が加えられました。

※トークン化有価証券（セキュリティトークン）は、金融商品取引法上の有価証券を、ブロックチェーン技術をはじめとする分散型台帳技術を用いて電子的に表象したもの。このうちトークン化社債は主にESG債券投資の分野で注目を集めています。

②適用関係

令和6年4月1日以後に受ける利子所得等について適用されます。

(2)特定口座内保管上場株式等の範囲の拡充

措法37の11の3、37の14、措令25の10の2

①改正の概要

特定口座や非課税口座に受け入れることができる上場株式等の範囲に、居住者等が金融商品取引業者等に開設する非課税口座および特定口座に係る同一銘柄の上場株式等について生じた株式の分割等により取得する上場株式等（非課税口座または特定口座に受け入れることができるものを除く）が加えられました。

上場株式等の例

【株式等で金融商品取引所に上場されているもの】 上場株式、上場投資信託の受益権（ETF）、上場不動産投資法人の投資口（REIT）
【投資信託でその設定に係る受益権の募集が公募により行われたものの受益権】 公募株式投資信託の受益権、公募公社債投資信託の受益権
【特定公社債】 国債、地方債、外国国債、公募公社債、平成27年12月31日以前に発行された公社債（同族会社が発行した社債を除く）

②適用関係

令和6年4月1日以後に行われる株式の分割等について適用されます。

(3)電磁的方法による支払通知書等の提供に係る承諾手続き簡素化

下記に掲げる書類等の交付または通知をする証券会社等が、これらの書類等に記載すべき事項を電磁的方法により提供するため、その交付または通知を受ける者の承諾手続きについて、期限を定めてその承諾を求めた場合において、その者が期限までに拒否する旨の回答をしないときには、その電磁的方法による提供の承諾を得たものとみなすこととされました。

①オープン型証券投資信託の収益の分配の支払通知書 ②配当等とみなす金額に関する支払通知書 ③通知外国所得税の額等が記載された書面 ④上場株式配当等の支払通知書 ⑤特定口座年間取引報告書 ⑥特定割引債の償還金の支払通知書 ⑦控除外国所得税相当額等が記載された書面

(4)非居住者に係る暗号資産等取引情報の報告制度の整備等

外国居住者等の所得に対する相互主義による所得税等の非課税等に関する法律41の3、実特法10の9～10の14、13

①改正の概要

暗号資産等を利用した脱税等のリスクが顕在化したことを受け、各国の税務当局が自国の暗号資産交換業者等から報告される非居住者の暗号資産等取引情報を租税条約等に基づいて税務当局間で自動的に交換するための国際基準が設けられます。

わが国においても、国際的な流れを受けて非居住者の暗号資産等取引情報の報告制度について次の措置が図られます。

1) 暗号資産等取引実施者が、その者の居住地国等の情報を記載した届出書を暗号資産交換業者等に提出
2) 暗号資産交換業者等は、一定の条約相手国を居住地国とする暗号資産等取引実施者の取引情報等を国税庁に報告
3) 報告制度の実効性を確保するため、以下の事項を整備
   イ　暗号資産等取引実施者の居住地国の特定に関する記録の作成・保存義務
   ロ　罰則（届出書の不提出、暗号資産交換業者等の不報告等）等

（注）暗号資産交換業者等から報告を受けた情報は、租税条約等の情報交換に係る規定および租税条約等実施特例法の規定に基づき、条約相手国に提供されます。

②適用関係

この規定は令和8年1月1日から適用されます。

日本から外国への情報提供のイメージ

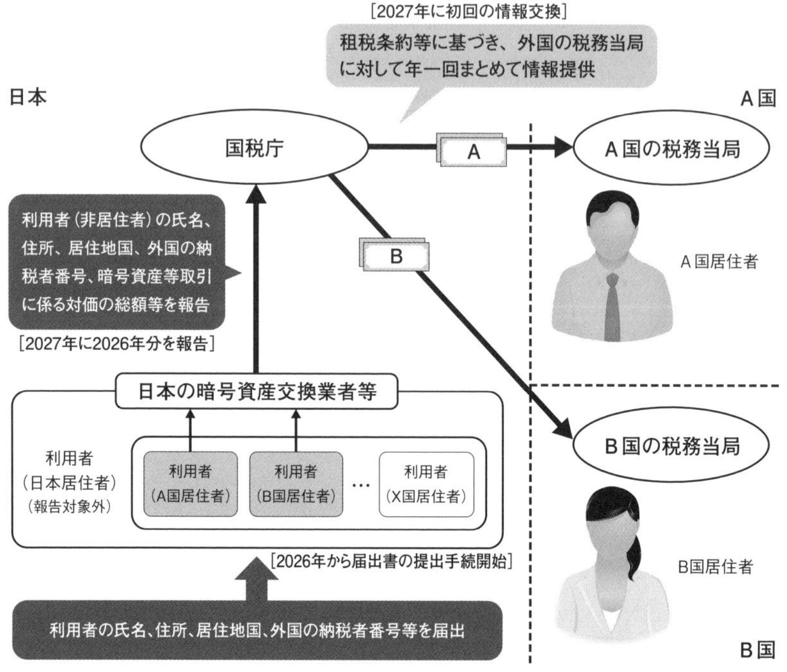

（出典：自民党税制調査会資料）

(5)非居住者に係る金融口座情報の自動的交換のための報告制度等の見直し

実特法10の5、10の6

グローバル化する経済取引について、外国の金融口座を利用した国際的な脱税および租税回避に対処するために、OECDの共通報告基準（CRS）に従い、金融機関が非居住者の金融口座情報を税務当局に報告し、各国の税務当局間で互いに提供する仕組みについて次の改正が行われています。

改正の内容

下記の改正は令和８年１月１日から施行されます。

(1) 報告金融機関等の見直し	①電子決済手段等取引業者および特定電子決済手段等を発行する者を加える。 ②報告金融機関等に係る収入割合要件について、投資法人等に係る収入割合の計算の基礎となる有価証券等に対する投資に係る収入金額の範囲に暗号資産等に対する投資に係る収入金額を加える。
(2) 特定取引の範囲の追加	①特定電子決済手段等の管理に係る契約の締結。 ②特定電子決済手段等の発行による為替取引に係る契約の締結。 ③暗号資産、電子決済手段または電子記録移転有価証券表示権利等の預託に係る契約の締結。
(3) 特定取引から除外される取引の範囲	特定取引から除外される取引の範囲に、振替特別法人出資に係る特別口座の開設に係る契約の締結を加える。
(4) 投資関連所得の範囲に暗号資産等を追加	特定法人から除外される法人に係る収入割合要件について、投資関連所得の範囲に暗号資産等（デリバティブ取引を含む）に係る所得を加える。
(5) 居住地国の取扱い	わが国および租税条約の相手国等の双方の居住者に該当する者について、双方を居住地国として取り扱う。
(6) 新規特定取引等に係る特定手続きの見直し	①報告金融機関等は、令和８年１月１日以後に特定取引を行う者が届出書を提出しなかった場合には、既存特定取引に係る特定手続きと同様の手続きを実施しなければならない。 ②報告金融機関等は、特定対象者に関する事項の変更等があることを知った場合等には、特定対象者の一定の情報を取得するための措置を講じなければならない。
(7) 報告金融機関等による報告事項の提供見直し	①報告対象外となる者の範囲に、外国金融商品取引所において上場されている法人等と一定の関係がある組合等を加える。 ②報告事項の範囲に、一定の事項を加える。

金融口座情報の自動交換のイメージ

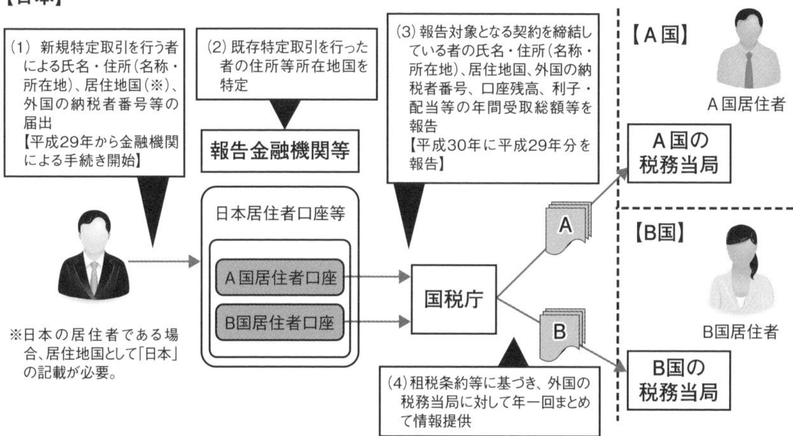
【日本】
(1) 新規特定取引を行う者による氏名・住所(名称・所在地)、居住地国(※)、外国の納税者番号等の届出
【平成29年から金融機関による手続き開始】
(2) 既存特定取引を行った者の住所等所在地国を特定
報告金融機関等
(3) 報告対象となる契約を締結している者の氏名・住所(名称・所在地)、居住地国、外国の納税者番号、口座残高、利子・配当等の年間受取総額等を報告
【平成30年に平成29年分を報告】
【A国】
A国居住者
A国の税務当局
日本居住者口座等
A国居住者口座
B国居住者口座
国税庁
A
B
【B国】
B国居住者
B国の税務当局
※日本の居住者である場合、居住地国として「日本」の記載が必要。
(4) 租税条約等に基づき、外国の税務当局に対して年一回まとめて情報提供

（出典：国税庁「非居住者に係る金融口座情報の自動的交換のための報告制度の導入について」）

(6)外国金融機関等の店頭デリバティブ取引の証拠金に係る利子の課税の特例の延長

措法42、措令27、措規19の14の2

金融機関同士が行う店頭デリバティブ取引については、差し入れられた証拠金に利子を付すのが通例となっています。

諸外国においては、この利子に係る源泉徴収が不要とされており、わが国においてもイコールフッティングを図る観点から、平成27年度税制改正において、証拠金に係る利子を非課税とする措置が講じられています。

外国金融機関等の店頭デリバティブ取引の証拠金に係る利子の非課税措置の適用期限が令和9年3月31日まで3年延長されました。

制度の延長

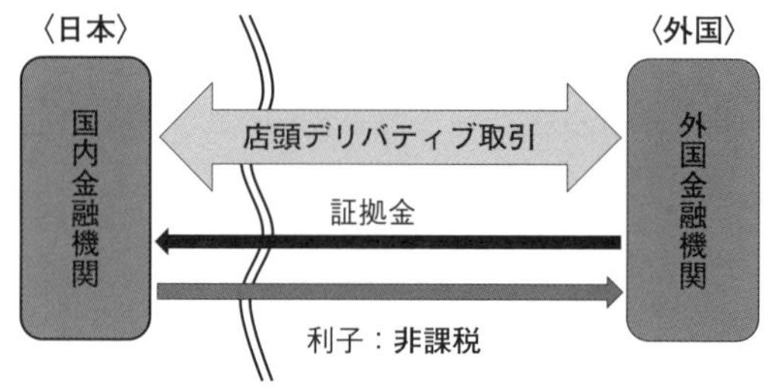

2027年3月31日まで3年延長

（出典：金融庁「令和6（2024）年度税制改正について」）

第６章

公益法人・公益信託等の改正

公益法人制度改革により収支相償原則の見直し等が行われた後も、これまでの税制上の措置は存続されることが明確化されました。さらに、公益法人が解散や認定取消しとなった場合にみなし譲渡所得税が非課税となる措置について、継続適用の対象に新しい公益信託が追加されました。

また、新しい公益信託制度では公益法人と共通の枠組みとすることを前提に、所得税、法人税、相続税、消費税、印紙税など幅広い税目についての取扱いが制定されています。

1 公益法人制度改革に伴う税制上の措置

■公益法人制度改革後も、これまでの税制上の措置は存続

■公益法人が解散や認定取消しとなった際、みなし譲渡所得税が非課税となる財産の贈与対象に新公益信託が追加

法法2十三、37、法令5、所法78、措法40、41の18の3、措令25の17

(1)制度の概要

公益法人※には、人の集まりである公益社団法人と、財産の集まりである公益財団法人があります。これらの法人は収益事業から生じた所得以外の所得に課税されないなど、民間が行う公益的活動を促進しつつ適正な課税の確保を図るため、さまざまな税制上の優遇措置が設けられています。

※公益法人とは公益社団法人および公益財団法人を指し、公益法人等とは法人税法別表第二に掲げられた法人のことをいいます。

①公益法人等が行う事業等への税制優遇

公益法人等の収益事業から生じた所得は、法人税の課税対象となります。

ただし、公益法人等の収益事業であっても、公益法人が行う公益目的事業は収益事業から除かれます。

②寄附に係る税制上の措置

公益法人等へ寄附した場合、所得税、法人税、相続税それぞれに税制上の優遇措置が設けられています。

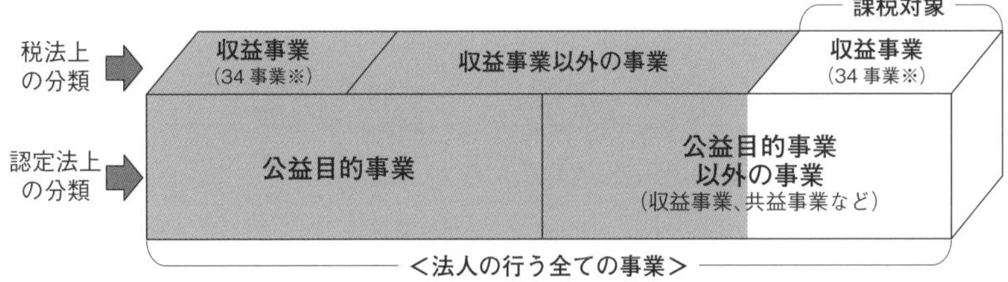

※法人税法施行令第５条において、収益事業として規定される34事業

（出典：内閣府「民間が支える社会を目指して～「民による公益」を担う公益法人」）

③公益法人等に財産を寄附した場合の譲渡所得等の非課税の特例

個人が土地、建物、株式などの財産を公益法人等に寄附した場合に、これらの財産は寄附時の時価により譲渡があったものとみなされ、財産の取得時から寄附時までの値上がり益に対して譲渡所得税が課税されます。

ただし、その寄附が教育または科学の振興、文化の向上、社会福祉への貢献その他公益の増進に著しく寄与するなど一定の要件を満たすものとして国税庁長官の非課税承認を受けたときは、この所得税を非課税とする制度が設けられています。

寄附税制の概要（国税）

<table>
<tr><td colspan="2">寄附金の区分
寄附をした者の取扱い</td><td>**国・地方公共団体**に対する寄附金
<例>
公立高校
公立図書館　など</td><td>**指定寄附金**
（公益を目的とする事業を行う法人等に対する寄附金で公益の増進に寄与し緊急を要する特定の事業に充てられるもの）
<例>
国宝の修復
オリンピックの開催
赤い羽根の募金
私立学校の教育研究等
国立大学法人の教育研究等　など</td><td>**特定公益増進法人**に対する寄附金で法人の主たる目的である業務に関連するもの
【特定公益増進法人】
○独立行政法人
○一定の地方独立行政法人
○日本赤十字社など
○公益社団・財団法人
○学校法人
○社会福祉法人
○更生保護法人</td><td>**認定特定非営利活動法人等**に対する寄附金で特定非営利活動に係る事業に関連するもの</td></tr>
<tr><td rowspan="2">所得税</td><td>所得控除</td><td colspan="4">控除限度額：寄附金※−2千円
※総所得の40%を限度</td></tr>
<tr><td>税額控除</td><td colspan="2">なし</td><td colspan="2">控除限度額：（寄附金※−2千円）×40%
※総所得の40%を限度
（所得税額の25%を限度）
（注1）</td></tr>
<tr><td colspan="2">法人税</td><td colspan="2">全額損金算入</td><td colspan="2">以下を限度として損金算入
（資本金等の額の0.375%＋所得金額の6.25%）×1/2
（注2）</td></tr>
</table>

相続税	国、公益社団・財団法人、認定特定非営利活動法人等に寄附した相続財産は、原則として非課税 （注3）

（注1）特定公益増進法人の中で所得税の税額控除の対象となるのは、公益社団・財団法人、学校法人、社会福祉法人、更生保護法人のうち、一定の要件（パブリック・サポート・テストや情報公開の要件）を満たすものに限られる。

（注2）特定公益増進法人および認定特定非営利活動法人等に対して法人が支出した寄附金のうち損金算入されなかった部分については、一般寄附金とあわせて（資本金等の額の0.25%＋所得金額の2.5%）×1/4を限度として損金算入される。

（注3）被相続人が遺言により公益社団・財団法人、特定非営利活動法人等の法人に寄附した財産については、原則として相続税は課税されない。

（出典：内閣府資料）

④公益社団法人・公益財団法人のみなし寄附金

公益社団法人・公益財団法人については、収益事業に属する資産のうちからその収益事業以外の事業で自ら行う公益目的事業のために支出した金額を、その収益事業に係る寄附金の額とみなすこととされています。

⑤その他の主な税制上の措置

1）利子等に係る源泉所得税の非課税

2）消費税の特定収入に該当しない寄附金に関する特例措置
3）事業税、法人住民税、固定資産税等の一定の優遇措置
4）奨学金貸与事業に係る印紙税の非課税

(2)公益法人制度改革が行われた後の税制措置の継続

公益法人が税制優遇を受ける前提として、収支相償原則※の遵守が求められています。

収支相償原則は、公益目的事業に充てられるべき財源の最大限の活用を促すための規律ですが、法人の経営判断で公益活動に資金を最大限効果的に活用できるよう、法人の透明性を向上しつつ、柔軟な見直しが図られることになります。

収支相償原則の見直し等の公益法人制度改革が行われた後も、公益社団法人および公益財団法人に講じられている上記(1)などの税制上の措置が引き続き継続されます。

※収支相償原則とその見直し

収支相償原則とは、公益法人は公益目的事業に係る収入の額がその事業に必要な適正な費用を償う額を超えてはいけないという原則（公益社団法人及び公益財団法人の認定等に関する法律5六）のこと。

令和5年6月「新しい時代の公益法人制度の在り方に関する有識者会議」において、公益目的事業の収入と適正な費用の均衡について、短期間ではなく中期的に実現を図ることが検討され、収支均衡の判定および均衡状態を回復する際の「中期的」は5年間とされた。

(3)公益法人等に財産を寄附した場合の譲渡所得等の非課税措置における継続適用措置の拡大

改正前は、公益法人が解散等する場合、その財産が公益目的のために使用されることを確保するため、残余財産は次の公益法人等に贈与しなければなりませんでした。

公益認定法第５条第17号および第18号による財産の贈与対象（改正前）
・国または地方公共団体 ・公益法人 ・学校法人 ・社会福祉法人 ・更生保護法人 ・独立行政法人 ・国立大学法人または大学共同利用機関法人 ・地方独立行政法人 ・その他上記に掲げる法人に準ずるものとして政令で定める法人

（出典：内閣府「令和６年度税制改正要望結果」）

公益法人・公益信託双方の制度の活用を促す観点から、残余財産の贈与対象に新しく公益信託が加えられます。

これに伴い、公益法人等に対して財産を寄附した場合の譲渡所得等の非課税措置について継続適用措置の対象に、公益法人が解散する場合または公益認定の取消しの処分を受けた場合において、非課税承認を受けた財産等を公益信託の受託者に移転するときが加えられます。

継続適用措置

①公益法人等が解散する場合における非課税の継続適用

②公益社団法人および公益財団法人が公益認定の取消しの処分を受けた場合における非課税の継続適用

適用対象の追加

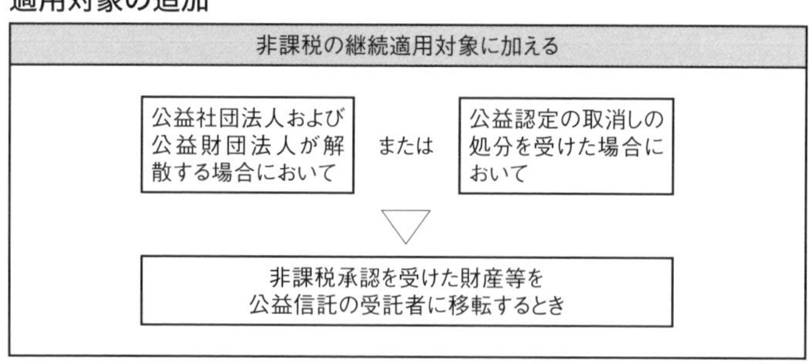

(4)適用関係

(3)の規定は令和６年４月１日以後、適用されます。

2 新たな公益信託制度の創設に伴う税制上の措置

POINT!

■公益信託について公益法人と同等の税制優遇措置が図られる

■公益信託の信託財産に係る、収益・費用および所得、金銭以外の財産を寄附した場合の譲渡所得等や相続財産を贈与した場合、公益信託から学資給付を受けた財産、公益信託の契約書の印紙税などが非課税に

■公益信託の信託財産について、別枠の損金算入限度額の対象に

■特定公益増進法人に対する寄附金と同様の寄附金控除の対象に

■特定収入の仕入控除調整など消費税について所要の措置がとられる

所法9、11、59、60、60の2、60の3、67の3、78、法法2、12、37、相法12、21の3、消法14、15、60、措法40、70、措令25の17、措規18の9

解説

(1)現行の公益信託制度と税制の概要

①特定公益信託と認定特定公益信託

公益信託とは、委託者（財産を有する者）が公益目的のためその財産を受託者に託し、その管理・処分をさせて、受託者の専門性を活用して公益目的の実現を図る制度です。

公益信託法に基づく公益信託のうち、税法上、主務大臣から証明を受けたものを「特定公益信託」、さらに主務大臣の認定を受けたものは「認定特定公益信託」として、寄附金控除の税制上の措置が設けられています。

特定公益信託	一定の要件を満たすことが信託契約において明らかであり、信託銀行等が受託者であることについて、主務大臣の証明を受けた公益信託
認定特定公益信託	特定公益信託のうち、特定の信託目的を有するものであることおよびその目的に関し相当と認められる業績が持続できることについて主務大臣の認定を受け、かつその認定を受けた日の翌日から５年を経過していないもの

②特定公益信託の税制上の優遇措置

特定公益信託については、信託設定期間中、給付時、個人である委託者の死亡時のそれぞれに税制上の優遇措置がとられています。

<table>
<tr><td>信託設定期間中</td><td>特定公益信託における寄附金控除
<table>
<tr><td colspan="2"></td><td colspan="2">公益信託の種類</td></tr>
<tr><td colspan="2"></td><td>特定公益信託</td><td>認定特定公益信託</td></tr>
<tr><td rowspan="2">委託者
（寄附者）</td><td>個　人</td><td>ー</td><td>寄附金控除
（相続または遺贈により取得した財産の金銭を支出した場合には相続税非課税）</td></tr>
<tr><td>法　人</td><td>一般寄附金として損金算入</td><td>別枠損金算入</td></tr>
</table>
（出典：信託協会「あなたの思いが社会に活きる公益信託」）</td></tr>
<tr><td>給付時</td><td>受給者個人の場合、学術貢献表彰または学術研究奨励を目的とする特定公益信託および学資支給を目的とする特定公益信託について、所得税（委託者が法人の場合）と贈与税（委託者が個人の場合）が非課税とされる</td></tr>
<tr><td>委託者
（個人）
死亡時</td><td>委託者が死亡時に、信託に関する権利の価額はゼロとして相続税が非課税とされる</td></tr>
</table>

(2)新しい公益信託についての税制改正措置の全体像

公益信託制度改革により、受託者は信託会社に限られない、信託財産は金銭に限られない等、従来の公益信託に比べてその対象や範囲が大幅に拡大されます。

また、主務官庁の裁量による許可制度を廃止し、公益信託の定義・要件および公益信託認可の基準を法定するとともに、公益法人制度と共通の認可・監督等の仕組みも整備されます。

これらを踏まえ、全ての公益信託において、公益法人と同等の取扱いとすることを前提に税制上の優遇措置が設けられます。

新しい公益信託制度のイメージ

改正のポイント　①信託事務、財産の範囲を拡大　②受託者の範囲を拡大　③主務官庁制の廃止

（出典：内閣府「令和６年度内閣府税制改正要望」）

新たな公益信託制度の創設に伴う税制上の措置一覧

項　　目	対象税目
公益信託の信託財産に係る収益・費用および所得については非課税とする。	法人税・所得税・個人住民税・法人住民税・事業税
公益信託の信託財産として拠出された財産について、別枠の損金算入限度額の対象および特定公益増進法人に対する寄附金と同様の寄附金控除の対象とする。	法人税・所得税・個人住民税・法人住民税・事業税
公益法人等に対して金銭以外の財産を寄附した場合の譲渡所得等の非課税措置について、対象に公益信託を追加する。	所得税
公益信託の信託財産とするために相続財産を拠出した場合について、相続財産を贈与した場合等の相続税の非課税制度の対象とする。	相続税
受託者の法人・個人に関わらず、個人が公益信託から学資に充てるため給付を受けた財産について、非課税とする。	所得税・贈与税
公益信託認可を受けた公益信託の契約書に係る印紙税を非課税とする。	印紙税
信託事務の範囲拡大に伴い消費税について所要の措置を行う。	消費税・地方消費税

（内閣府「令和６年度税制改正要望結果」を参考に作成）

(3)所得税に関する措置

①所得税の非課税（所法９）

非課税所得となる相続、遺贈または個人からの贈与により取得するものから、公益信託に関する法律に規定する公益信託（以下「新公益信託」という）から給付を受けた財産が除外されます。

ただし(6)②により新公益信託から給付を受けた財産は贈与税の非課税の対象となります。

②新公益信託の信託財産から生ずる所得の非課税（所法11）

新公益信託の加入者保護信託の信託財産につき生ずる所得※については、所得税が課されません。

※貸付信託の受益権の収益の分配に係るものにあっては、その受益権が新公益信託の信託財産に引き続き属していた期間に対応する部分の額に限る。

③贈与等による資産等の移転の場合のみなし譲渡課税（所法59）

新公益信託の受託者（個人に限る）に対する贈与等により、居住者の有する譲渡所得の基因となる資産等の移転があった場合には、その居住者に対しその贈与等によるみなし譲渡課税が適用されます。

※次ページ⑧の新公益信託に対する財産の寄附に該当する場合には、譲渡所得等の非課税措置が適用可能です。

④贈与等により取得した資産の取得費等（所法60）

居住者が次に掲げる事由※により取得した譲渡所得の基因となる資産を譲渡した場合の事業所得、山林所得、譲渡所得または雑所得の金額の計算については、その者が引き続きこれを所有していたものとみなされます。

※贈与（公益信託の受託者に対するものを除く）、相続（限定承認に係るものを除く）または遺贈（その信託財産とするための公益信託の受託者に対するものおよび包括遺贈のうち限定承認に係るものを除く）

⑤国外転出、贈与等により非居住者に資産が移転した場合の譲渡所得等の特例（所法60の2、60の3）

下記の下線部分から、公益信託の受託者に対するものが除かれます。

国外転出、贈与等により非居住者に資産が移転し譲渡所得等が課税された場合において、国外転出、贈与等の日から5年を経過する日（納税猶予の特例の適用を受け期限延長をしている場合は10年を経過する日）までに、次に掲げる場合に該当するときは、帰国の時まで引き続き所有等している対象資産または贈与、相続もしくは遺贈により移転した対象資産について、国外転出時課税の適用がなかったものとして、国外転出をした年分の所得税を再計算することができます。

イ　対象資産を居住者に贈与（公益信託の受託者に対するものを除く）

した場合

ロ　国外転出時課税の申告をした者が亡くなり、その国外転出の時において有していた対象資産を相続（限定承認に係るものを除く）または遺贈（公益信託の受託者に対するものおよび包括遺贈のうち限定承認に係るものを除く）により取得した相続人および受遺者の全員が居住者となった場合

⑥信託に係る所得の金額の計算（所法67の3）

新公益信託の委託者（居住者に限る）がその有する資産を信託した場合には、その資産を信託した時において、委託者から新公益信託の受託者に対して贈与または遺贈により資産の移転が行われたものとして、その委託者に対しその贈与等によるみなし譲渡課税が適用されます。

※下記⑧の新公益信託に対する財産の寄附に該当する場合には、譲渡所得等の非課税措置が適用可能です。

⑦信託財産とするための支出を寄附金控除の対象に（所法78）

新公益信託の信託財産とするために支出したその新公益信託に係る信託事務に関連する寄附金（出資に関する信託事務に充てられることが明らかなものを除く）について、特定公益増進法人に対する寄附金と同様に、寄附金控除の対象とされます。

⑧公益法人等に対して財産を寄附した場合の譲渡所得等の非課税措置（措法40、措令25の17、措規18の19）

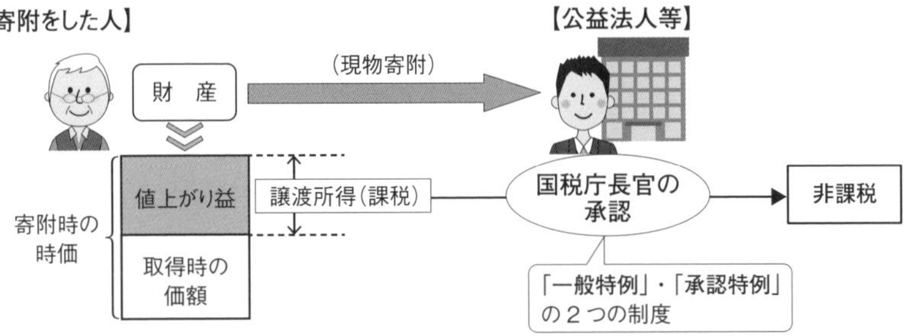

（出典：国税庁「公益法人等に財産を寄附した場合における譲渡所得等の非課税の特例のあらまし」）

個人が、土地、建物、株式などの財産（事業所得の基因となるものを除く）を法人に寄附した場合には、これらの財産は寄附時の時価により譲渡があったものとみなされ、これらの財産の取得時から寄附

時までの値上がり益に対して所得税が課税されます。

ただし、これらの財産（国外の土地など一定のものを除く）を公益法人等に寄附した場合に、一定の承認要件を満たすものとして国税庁長官の承認（以下「非課税承認」という）を受けたときは、この所得税を非課税とする制度が設けられています。

この公益法人等に対して財産を寄附した場合の譲渡所得等の非課税措置について、次の措置が講じられました。

イ　適用対象となる公益法人等の範囲に、公益信託の受託者（非居住者および外国法人に該当するものを除く）が加えられました。

ロ　非課税承認を受けた財産を有する公益信託の受託者が、その任務の終了等により、財産を公益信託に係る信託事務の引継ぎを受けた受託者に移転しようとする場合において、財産の移転に関する届出書を提出したときは、この非課税措置を継続適用できます。

ハ　非課税承認を受けた財産を有する公益信託の受託者が、公益信託の終了により、財産を他の公益法人等（その公益信託に係る帰属権利者となるべき者に限る）に移転しようとする場合において、財産の移転に関する届出書を提出したときは、この非課税措置を継続適用できます。

（注）ロおよびハの措置は、当該公益信託の終了に係る事由により国税庁長官の非課税承認を取り消すことができる場合には適用しません。

ニ　国税庁長官の非課税承認の要件である寄附者の所得税等を不当に減少させる結果とならないことを満たすためには一定の条件等があります。

(4)法人税に関する措置

①信託財産に属する資産および負債ならびに信託財産に帰せられる収益および費用の帰属（法法12）

新公益信託の信託財産に帰せられる収益および費用については、委託者および受託者の段階で法人税を課税しないこととされます。

イ　受益者がその信託財産に属する資産および負債を有するものとみなされ、かつ、その信託財産に帰せられる収益および費用が受益者の収益および費用とみなされる信託に該当しないこととする。

ロ　その信託財産に属する資産および負債ならびにその信託財産に帰せられる収益および費用は受託者である法人の各事業年度の所得の金額の計算上その法人の資産および負債ならびに収益および費用でないものとみなすこととする。

②新公益信託の信託財産とするために支出したその新公益信託に係る信託事務に関連する寄附金（法法37）

新公益信託の信託財産とするために支出したその新公益信託に係る信託事務に関連する寄附金について、一般の寄附金の損金算入限度額とは別に、一定の損金算入限度額に相当する金額の範囲内で損金算入ができます。

法人が公益法人へ寄附をした場合の損金算入限度額

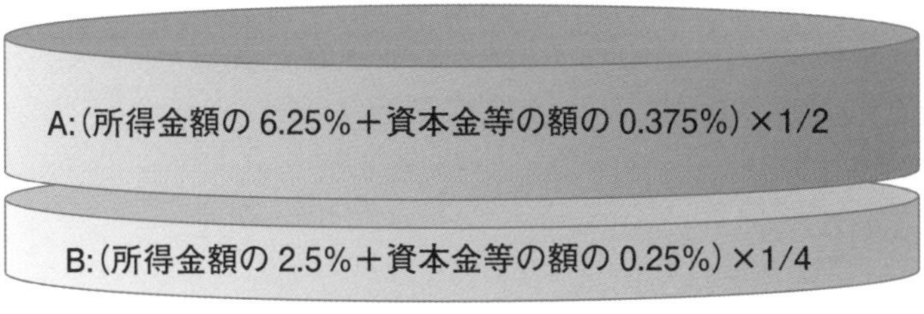

A:（所得金額の 6.25%＋資本金等の額の 0.375%）×1/2

B:（所得金額の 2.5%＋資本金等の額の 0.25%）×1/4

A：公益法人への寄附金の特別損金算入限度額
B：一般寄附金の損金算入限度額（Aの限度額を超えた分を含む）

（出典：内閣府「民間が支える社会を目指して～「民による公益」を担う公益法人～」）

(5)消費税に関する措置

①受託者に関する消費税法の適用（消法14、15、消令27、28）

新公益信託の受託者について、信託資産等および固有資産等ごとに、受託者をそれぞれ別の者とみなして消費税が課されます。

②特定収入がある場合の仕入控除税額の調整（消法60）

新公益信託に係る受託事業者は、特定収入がある場合の仕入控除税額の調整措置の対象とされます。

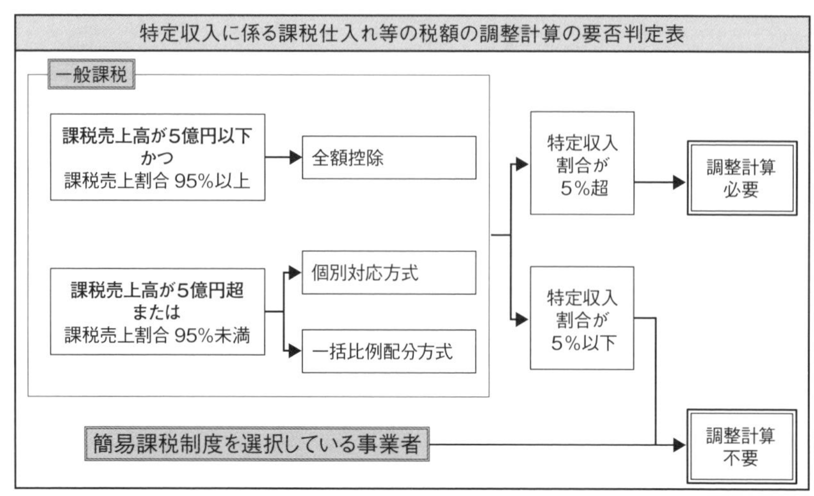

（出典：国税庁「国、地方公共団体や公共・公益法人等と消費税」）

仕入控除税額の調整がある場合の納付税額は、次の計算式により計算した金額となります。

納付税額 ＝ その課税期間中の課税標準額に対する消費税額 － （調整前の仕入控除税額 － その課税期間中の**特定収入に係る課税仕入れ等の税額**）

※調整前の仕入控除税額とは、通常の計算方法により計算した仕入控除税額をいいます。
適格請求書等保存方式（インボイス制度）開始後は、適格請求書発行事業者（インボイス発行事業者）以外の者からの課税仕入れについては、原則として、仕入税額控除の適用を受けることはできませんが、当該課税仕入れであっても、特定収入に係る課税仕入れ等の税額の調整計算の対象となります。ただし、この場合には、一定の調整規定があります。

（出典：国税庁「国、地方公共団体や公共・公益法人等と消費税」）

(6)相続税・贈与税に関する措置

①相続税の非課税（相法12）

新公益信託の受託者が遺贈により取得した財産（その信託財産として取得したものに限る）の価額は、相続税の課税価格に算入されません。

②贈与税の非課税（相法21の3）

新公益信託から給付を受けた財産および新公益信託の受託者が贈与により取得した財産（その信託財産として取得したものに限る）の価額は、贈与税の課税価格に算入されません。

③国等に対して相続財産を贈与した場合等の相続税の非課税措置（措法70）

相続等により取得した財産を相続税の申告期限までに、国または地方公共団体等に贈与した場合には、国等に対して相続財産を贈与した場合等の相続税の非課税等として、その贈与した財産の価額は、相続税の課税価格に算入しないこととされています。

新公益信託についても下記のとおり、この非課税措置の対象とされます。

イ　相続または遺贈により財産を取得した者が、その財産の全部または一部を相続税の申告書の提出期限までに新公益信託の信託財産とするために支出をした場合には、その支出をした者またはその親族等の相続税または贈与税の負担が不当に減少する結果となると認められる場合を除き、支出をした財産の価額は相続税の課税価格の計算の基礎に算入されません。

ロ　イの財産を受け入れた新公益信託がその受入れの日から2年を経過した日までに終了（信託の併合による終了を除く）をした場合または新公益信託の受託者がその財産を同日までに公益信託事務の用に供しない場合もしくは供しなくなった場合には、その財産の価額は相続税の課税価格の計算の基礎に算入されます。

(7)印紙税に関する措置（印紙税法10）

公益信託に関する法律に規定する公益信託の信託行為に関する契約書（同法の規定による一定の行政庁の認可を受けた後に作成されるものに限る）には、印紙税が課されません。

(8)適用関係

(3)から(7)の規定について所要の経過措置が設けられた上、新公益信託法の施行の日以後、適用されます。

第7章

相続税・贈与税の改正

相続・贈与税制では、住宅取得等資金贈与の非課税特例について、カーボンニュートラルの実現に向け省エネ化を推進するために、省エネ基準をZEH水準に引き上げた上で、適用期限が３年延長されています。

また、事業承継をより円滑に進め経済の活性化を図るため、法人版・個人版事業承継税制の特例措置についても特例承継計画の提出期限が２年延長されています。

その他、子育てを支援するため、結婚・子育て資金の一括贈与の非課税措置の適用対象が拡大されました。

1 住宅取得等資金に係る贈与税の非課税措置等の見直し・延長

■非課税の最高限度額につき省エネ住宅等は1,000万円、一般住宅は500万円のままで3年延長

■新築に限り令和6年からの省エネ基準がZEH基準に引上げ

■東日本大震災の被災者の非課税特例もZEH基準に引き上げて対象者を限定した上で、3年延長

■相続時精算課税制度の特例も3年延長

措法70の2、70の3、措令40の4の2、40の5、措規23の5の2、措規附18

(1)改正前の住宅取得等資金の非課税特例の概要

令和5年12月31日までの間に、その年1月1日において18歳以上で、その年分の合計所得金額が2,000万円以下である者が、父母や祖父母など直系尊属からの贈与により、自己の居住の用に供する住宅用の家屋の新築、取得または増改築等（以下「新築等」という）の対価に充てるための金銭（以下、「住宅取得等資金」という）を取得した場合において、一定の要件を満たすときは、一定の非課税限度額までの金額について、贈与税が非課税とされていました。

住宅取得等資金の贈与特例のイメージ

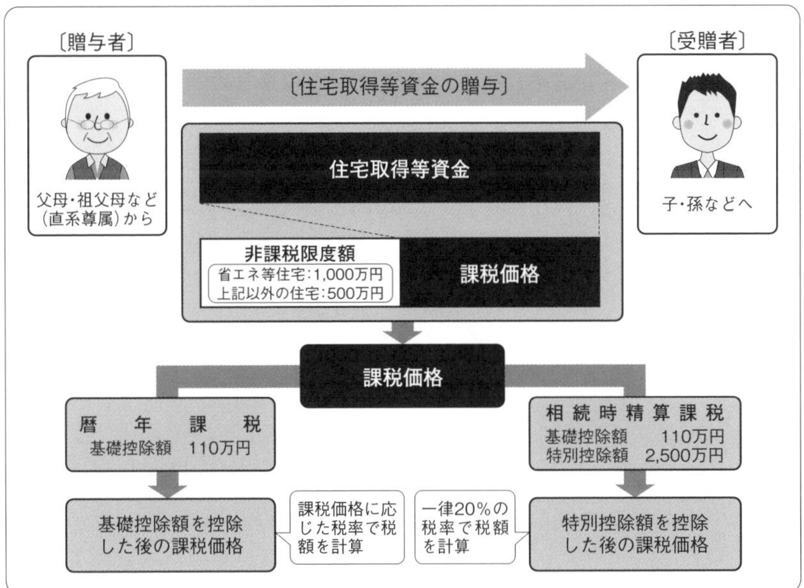

（出典：国税庁『「住宅取得等資金の贈与を受けた場合の贈与税の非課税」等のあらまし』、一部改変）

特例の概要

期　　間	令和5年12月31日までの贈与 → **改正後** 令和8年12月31日までの贈与
贈与する人	贈与される人の直系尊属（父母・祖父母等）
贈与される人	・贈与を受けた年の1月1日において18歳以上 ・贈与を受けた年の合計所得金額が2,000万円以下※1の者　等 ※1　40㎡以上50㎡未満の家屋については1,000万円以下
対象となる資金	新築、取得または増改築の対価に充てるための資金
適用手続	贈与税の期限内申告書に特例の適用を受けようとする旨を記載し、計算の明細その他財務省令で定める書類を添付する
その他	・平成21年分から令和5年分までの贈与税申告でこの規定の適用を受けていないこと ・住宅借入金等特別控除（住宅ローン控除）の適用を受ける場合、住宅取得等資金の贈与を受けた金額に相当する部分の金額※2は、住宅ローン控除の適用なし ※2　下記の①－②の額 ①　住宅借入金等の年末残高の合計額 ②　住宅用の家屋の新築等の対価の額等から住宅取得等資金の非課税の適用を受けた金額を差し引いた額

(2)住宅取得等資金に係る贈与税非課税措置の推移

令和3年までの非課税限度額は、最初にこの非課税措置の適用を受けようとする住宅用家屋の取得等に係る契約の締結期間に応じて定められていました。

質の高い住宅用家屋についての非課税限度額は、平成31年4月から令和2年3月までは3,000万円、令和2年4月から令和3年12月までは1,500万円と、段階的に縮小されており、令和4年1月以後は住宅用家屋の取得等に係る契約の締結時期にかかわらず、1,000万円となっていました。

それ以外の一般住宅用家屋については、平成31年4月から令和2年3月までは2,500万円、令和2年4月から令和3年12月までは1,000万円、令和4年1月以後は500万円となっていました。

質の高い住宅	省エネ、耐震またはバリアフリーの住宅用家屋	1,000万円
一般住宅	上記以外の住宅用家屋	500万円

非課税限度額の推移を図表にまとめると次のとおりです。

非課税限度額の推移

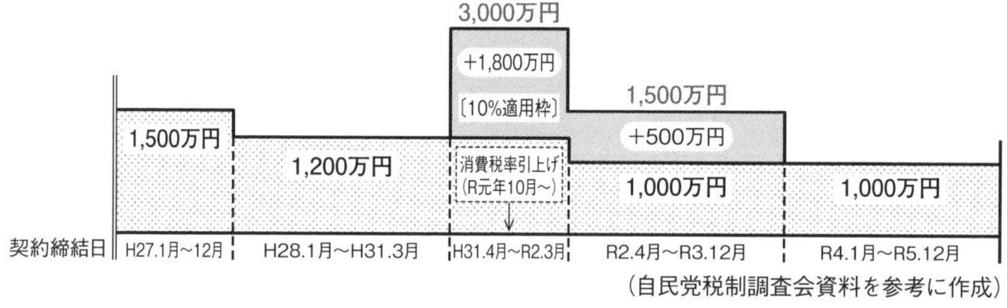

(自民党税制調査会資料を参考に作成)

(3)最高限度額が上乗せになる「質の高い住宅」の範囲

非課税限度額が大きい「質の高い住宅」とは省エネルギー性の高い住宅、耐震性の高い住宅、バリアフリー性の高い住宅等です。なお、要件に適合する住宅用の家屋であることにつき、証明書などを贈与税の申告書に添付することが必要です。

(4)省エネ基準の見直しと期限延長

令和6年度税制改正により、非課税限度額の上乗せ措置の適用対象となるエネルギーの使用の合理化に著しく資する住宅用の家屋（省エネルギー住宅）の性能要件について、住宅用家屋の新築または建築後使用されたことのない住宅用家屋の取得をする場合にあっては、その住宅用家屋の省エネ性能が「断熱等性能等級4以上または一次エネルギー消費量等級4以上（省エネ基準）」から、「断熱等性能等級5以上かつ一次エネルギー消費量等級6以上（ZEH基準）」に基準が引き上げられた上、適用期限が3年延長されました。

ただし、令和6年1月1日以後に住宅取得等資金の贈与を受けて、住宅用家屋の新築または建築後使用されたことのない住宅用家屋の取得をする場合において、その住宅用家屋の省エネ性能が断熱等性能等級4以上または一次エネルギー消費量等級4以上（省エネ基準）であり、かつ、その住宅用家屋が次のいずれかに該当するものであるときは、その住宅用家屋はエネルギーの使用の合理化に著しく資する住宅用の家屋（ZEH基準）であるものとみなされます。

①令和5年12月31日以前に建築確認を受けているもの

②令和6年6月30日以前に建築されたもの

質の高い住宅の要件

	新築住宅	既存住宅・増改築等
省エネ住宅	断熱等性能等級4以上または一次エネルギー消費量等級4以上（省エネ基準）であること ↓ **改正後** 断熱等性能等級5以上かつ一次エネルギー消費量等級6以上（ZEH基準）であること（令和5年末までに建築確認を受けた住宅または令和6年6月30日までに建築された住宅は、従前の基準で省エネ住宅とみなされる）	断熱等性能等級4または一次エネルギー消費量等級4以上であること
耐震住宅	耐震等級（構造躯体の倒壊等防止）2以上または免震建築物であること	
バリアフリー住宅	高齢者等配慮対策等級（専用部分）3以上であること	

(5)適用対象となる住宅用家屋の留意点

新築等の住宅用家屋でZEH基準を満たしていなくとも、耐震基準かバリアフリー基準のいずれかを満たしていれば、質の高い住宅として上乗せの適用を受けることができます。また、既存住宅や増改築等の場合には従前どおりの省エネ基準でも質の高い住宅の適用を受けることができます。

どの基準で住宅取得等資金の贈与の非課税特例を受けるのかをきちんと確認しておくことが重要です。

(6)再度の適用は不可

過去にこの住宅取得等資金に係る贈与税の非課税措置の適用を受けている者は、再び適用を受けることはできません。

(7)東日本大震災の非課税特例の改正

①改正前の概要

東日本大震災により滅失をした住宅に居住していた人および警戒区域設定指示等の対象区域内に所在する住宅に居住していた人が、直系尊属から住宅取得等資金の贈与を受けた場合で、一定の条件を満たすときは、次の図表のように一般の住宅取得等資金の贈与の非課税限度額より多い金額（500万円の上乗せ）について、贈与税が非課税となっていました。

受贈者ごとの非課税限度額

住宅用の家屋の種類／贈与の時期	省エネ等住宅	左記以外の住宅
令和4年1月1日から 令和5年12月31日まで **改正後** 令和8年12月31日まで	1,500万円	1,000万円

(注1) 受贈者ごとの非課税限度額は、新築等をする住宅用の家屋の種類に応じた金額となります。なお、既に震災に係る住宅取得等資金の非課税の適用を受けて贈与税が非課税になった金額がある場合には、その金額を控除した残額が非課税限度額となります。

(注2)「住宅取得等資金の非課税」の適用を受ける人（または受けた人）、令和3年分以前の年分において「震災に係る住宅取得等資金の非課税」の適用を受けた人は、原則として、新たに贈与を受けた住宅取得等資金について「震災に係る住宅取得等資金の非課税」の適用を受けることができません。ただし平成22・24年度の各税制改正前の「住宅取得等資金の非課税」の適用を受けた人は、「震災に係る住宅取得等資金の非課税」の適用を受けることができる場合があります。

（出所：国税庁ウェブサイト「震災に係る住宅取得等資金の非課税」、一部改変）

②改正による対象者の除外

①の被災者が直系尊属から住宅取得等資金の贈与を受けた場合の贈与税の非課税特例の適用対象者について、東日本大震災によりその居住の用に供していた家屋またはその居住の用に供しようとしていた家屋が滅失等をした者が除外されました。ただし、警戒区域設定指示等が行われた日においてその対象区域内に所在する家屋をその居住の用に供していた者またはその居住の用に供しようとしていた者は除外されませんので、引き続きこの被災者に係る非課税特例を継続することができます。

③質の高い住宅の要件の改正と期限延長

被災者が直系尊属から住宅取得等資金の贈与を受けた場合の贈与税の非課税特例においても、非課税限度額が500万円上乗せされる新築の省エネ住宅における性能要件の基準が、通常の非課税特例と同様に省エネ基準からZEH基準に引き上げられた上で、適用期限が3年延長されました。

(9)住宅取得等資金の贈与に係る相続時精算課税措置の要件改正

父母または祖父母から住宅取得等資金の贈与を受けた18歳以上の子または孫が、一定の要件を満たす住宅等を取得した場合には、贈与者の年齢にかかわらず相続時精算課税制度を選択することのできる「住宅取得等資金の贈与に係る相続時精算課税制度の特例」があります。改正により、この適用期限が令和8年12月31日まで3年延長されました。

住宅取得等資金の贈与に係る相続時精算課税制度の特例の概要

	相続時精算課税制度	
	一般枠	住宅取得等資金贈与特例
贈与者 （意思の表明可能な人）	贈与年1月1日現在で60歳以上の父母または祖父母	父母または祖父母（年齢制限はなし）
受贈者	贈与年1月1日現在で18歳以上の直系卑属である推定相続人（通常は子。代襲相続人を含む。養子でもOK）・孫	
控除額（非課税枠）	贈与者ごとにそれぞれ特別控除2,500万円（制度選択後、贈与者の死亡までの累積） ＋基礎控除毎年110万円	
選択手続	贈与を受けた年の翌年3月15日までに申告	
税率	一律20%	
適用期限	なし	令和5年12月31日までの贈与 **改正後** 令和8年12月31日までの贈与

(10)適用関係

これらの改正は、令和6年1月1日から令和8年12月31日までの間に贈与により取得する住宅取得等資金に係る贈与税について適用されます。

2 特例事業承継税制に係る特例承継計画の提出期限の延長

POINT!

■特例承継計画の提出期限が令和８年３月31日まで２年延長

■令和９年12月31日までの特例適用期限は変更なし

措法70の7の5〜70の7の8、円滑化法規17②、18⑤

(1)非上場株式（自社株式）等の特例納税猶予制度の概要

中小企業の事業承継はあまり進んでおらず、廃業数は増加の一途をたどっており、中小企業の事業承継を急がなければ日本の経済が衰退してしまう危険があります。そこで、平成30年度税制改正において特例事業承継税制が創設されました。

特例事業承継税制とは「非上場株式等についての相続税・贈与税の特例納税猶予制度」のことをいい、令和9年12月31日までに、会社が策定した特例承継計画を都道府県庁に提出し知事の確認を受け、先代経営者から特例経営承継相続人等（後継者）が非上場株式等を相続等により取得後、会社が都道府県知事の認定を受けることにより適用が受けられます。

申告期限までに担保の提供等があった場合には、贈与者の死亡の日または特例後継者の死亡の日等まで、その非上場株式等に係る贈与税または相続税の全額が納税猶予されます。

(2)納税猶予に係る贈与税免除→相続税の全額が猶予・免除

贈与者の相続発生時に、贈与された非上場株式等の贈与時の猶予税額が免除され、贈与時点の特例対象株式等の相続税評価額を相続財産とみなして相続税が計算されます。一定要件のもと、都道府県知事の切替確認を受けることで、相続税の特例納税猶予を適用することができます。なお、令和9年12月31日までの相続においては、「特例承継計画」につき知事の確認を受けている場合には贈与税の納税猶予の適用を受けていなくとも、単独で非上場株式等に係る相続税の納税猶予の適用を受けることができます。

相続税の特例納税猶予の適用を受けた場合において、特例後継者が取得した財産が特例納税猶予の適用を受ける非上場株式等のみであるとして計算した相続税額のうち、その特例対象非上場株式等に対応する後継者の相続税額が全額猶予され、特例後継者の死亡時等に免除されます。

また、特例納税猶予においては贈与または相続等により取得する対象株式数に上限がありませんので、猶予対象株式のみを相続等により取得した場合には、相続税額は全額納税猶予され、死亡時等に免除されます。

法人版事業承継税制の概要

	一般措置	特例措置（時限措置）
猶予対象株式数	総株式数の最大2/3まで	上限なし
適用期限	なし	2027(令和9)年12月31日までの贈与・相続等
猶予割合	贈与税　100% 相続税　80%	贈与税・相続税ともに100%
承継方法	複数株主から １名の後継者に承継可能	複数株主から 最大３名の後継者に承継可能
雇用確保要件	承継後５年間 平均８割の雇用維持が必要	未達成の場合でも 猶予継続可能に

（出典：経済産業省「令和６年度税制改正に関する経済産業省要望（概要）」）

(3)要件とされている特例承継計画の提出期限の延長

特例納税猶予制度は原則として、会社が後継者の氏名・人数および承継時までの経営課題、承継後の5年間の経営見通し等を記載した「特例承継計画」を策定し、認定経営革新等支援機関（税理士等）の所見を記載の上、都道府県庁に提出し、知事の確認を受けた場合に限り、適用を受けることができます。

令和６年度税制改正により、この特例承継計画の提出期限が令和８年3月31日まで2年延長されました。

(4)特例の適用は令和９年12月31日まで

令和９年12月31日までにその非上場株式等を贈与により取得し特例納税猶予制度の適用を受けてさえいれば、先代経営者の相続開始の時期が贈与後何十年経っても、非上場株式等に係る相続税の特例納税猶予を適用することができます。

特例事業承継計画の提出期限は２年延長されていますが、適用期限は令和9年12月31日のままとなっており、延長されておりませんので、ご注意ください。

改正後のスケジュール

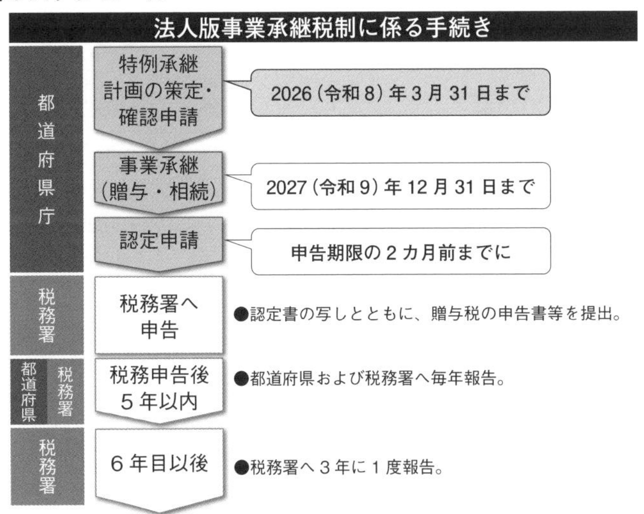

（出典：経済産業省「令和6年度（2024年度）経済産業関係 税制改正について」）

3 個人版事業承継税制に係る個人事業承継計画の提出期限の延長

POINT!

■個人事業承継計画の提出期限が令和８年３月31日まで２年延長

■令和10年12月31日までの特例適用期限は変更なし

措法70の6の8～70の6の10、円滑化法規17②、18⑤

(1)個人事業者の事業用資産についての納税猶予制度

個人事業者の円滑な事業承継の実現に対応するため、個人版事業承継税制として、「非上場株式についての特例納税猶予制度」と同様の構造である「個人事業者の事業用資産についての特例納税猶予制度」が期間限定で施行されています。

「個人事業者の事業用資産についての相続税・贈与税の特例納税猶予制度」とは、特定事業用資産を有していた先代経営者から特例後継者が、令和10年12月31日までの贈与または相続もしくは遺贈によりその個人事業者の事業用資産を取得した場合に、「個人事業承継計画」につき知事の確認を受けている特例後継者が都道府県知事の認定を受けることにより、その取得した全ての特定事業用資産に係る課税価格に対応する贈与税または相続税について、申告期限までに担保の提供等があった場合には、贈与者の死亡の日または特例後継者の死亡の日等まで、その特定事業用資産に係る贈与税または相続税の全額が納税猶予されるという制度です。

(2)納税猶予に係る贈与税免除→相続税の全額が猶予・免除

贈与者の相続発生時に、贈与された特定事業用資産の贈与時の猶予税額が免除され、贈与時点の特定事業用資産の相続税評価額を相続財産とみなして相続税が計算されます。一定要件のもと、都道府県知事の切替確認を受けることで、その特定事業用資産につき相続税の特例納税猶予を適用することができます。

また、令和10年12月31日までの相続においては、「個人事業承継計画」につき知事の確認を受けている場合には、贈与税の納税猶予を受けていなくとも、単独で個人事業者の事業用資産に係る相続税の納税猶予を受けることもできます。

特定事業用資産に係る相続税の納税猶予の適用を受けた場合において、後継者が取得した特定事業用資産に対応する後継者の相続税額の全額が猶予され、特例後継者の死亡時に免除されます。

(3)特定事業用資産の範囲

個人事業者の事業用資産についての納税猶予制度の対象となる「特定事業用資産」とは、先代事業者（贈与者・被相続人）の事業の用に供されていた次ページ図表の資産で、先代経営者の贈与または相続開始の年の前年分の事業所得に係る青色申告書（正規の簿記の原則による複式簿記で65万円控除の適用を受けているもの）の貸借対照表に計上されていたものをいいます。この「事業」の範囲からは不動産貸付業等が除かれます。

なお、宅地等のうち納税猶予の対象となる面積は次ページ図表のとおりですが、経営承継円滑化法の認定上は面積制限がありません。事業の用以外に供されていた部分があるときは、事業の用に供されていた部分に限られます。

個人の事業用資産に係る贈与税・相続税の納税猶予制度の概要

特定事業用資産	贈与者または被相続人の事業（不動産貸付事業等を除く）の用に供されていた資産 ①宅地等＝面積400㎡までの部分 ②建物＝床面積の合計800㎡までの部分 ③減価償却資産（固定資産税または営業用として自動車税もしくは軽自動車税の課税対象となっているものその他これらに準ずるものに限る）＝青色申告書に添付されている貸借対照表に計上されているもの
個人事業承継計画	認定経営革新等支援機関の指導および助言を受けて作成された特定事業用資産の承継前後の経営見通し等が記載された計画で、平成31年4月1日から令和8年3月31日までに都道府県に提出され、確認を受けたもの
青色申告の承認	被相続人は相続開始前において、認定相続人は相続開始後において青色申告の承認を受けていなければならない（贈与の場合も同様）
認定相続人および認定受贈者	承継計画に記載された後継者であって、中小企業経営承継円滑化法の認定を受けた者

(4)要件とされている承継計画の提出期限の延長

個人事業者の事業用資産の納税猶予制度は原則として、後継者が特定事業用資産の承継前後および承継後の5年間の経営見通し等を記載した「個人事業承継計画」を策定し、認定経営革新等支援機関（税理士等）の所見を記載の上、都道府県庁に提出し、知事の確認を受けた場合に限り、適用を受けることができます。

令和6年度税制改正により、この特例承継計画の提出期限が令和8年3月31日まで2年延長されました。

(5)特例の適用は令和10年12月31日まで

贈与税の納税猶予の適用を受けていれば、先代経営者の相続開始の時期が贈与後何十年経っても、個人事業者の事業用資産に係る相続税の特例納税猶予を適用することができます。

個人事業承継計画の提出期限は2年延長されていますが、適用期限は令和10年12月31日のままとなっており、延長されていませんので、ご注意ください。

改正後のスケジュール

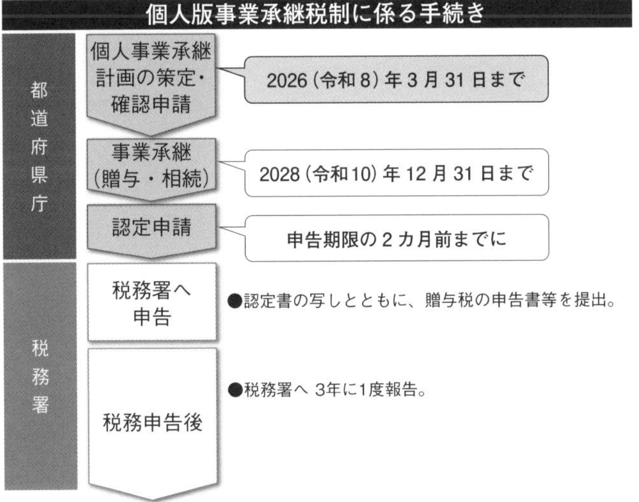

（出典：経済産業省「令和6年度（2024年度）経済産業関係 税制改正について」）

4 結婚・子育て資金一括贈与の非課税措置の拡充

POINT!

■児童福祉法の改正により適用対象が拡大

■子育て世帯訪問支援事業および親子関係形成支援事業に係る施設に支払うものが追加

措法70の2の3、措令40の4の4、措規23の5の4、附則51③

(1)結婚・子育て資金の一括贈与の非課税特例の趣旨と期限

厚生労働省の月次統計に基づく推計によると、令和5年の出生数は、戦後最少だった令和4年の770,747人を下回り、758,631人となり、令和5年の合計特殊出生率も令和4年の1.26を割り込み、1.20前後に低下すると想定されています。

何とかこの少子化に歯止めをかけたいとして、祖父母や両親の資産を早期に移転することを通じて、子や孫の結婚・妊娠・出産・育児を支援するために、平成27年より「結婚・子育て資金の一括贈与に係る非課税特例」が施行されおり、令和5年度税制改正により適用期限が令和7年3月31日まで延長されています。

(2)結婚・子育て資金贈与の非課税特例の概要

この特例は、18歳以上50歳未満の個人（受贈者）が、その結婚・子育て資金の支払いに充てるために、直系尊属（贈与者）と信託会社等との間の結婚・子育て資金管理契約に基づき信託受益権等を取得した場合には、信託受益権の価額等のうち受贈者1人につき1,000万円までの金額に相当する部分の価額について、贈与税が課されないというものです。非課税限度額1,000万円のうち、結婚に際して支出する費用については300万円が限度とされています。

制度のイメージ

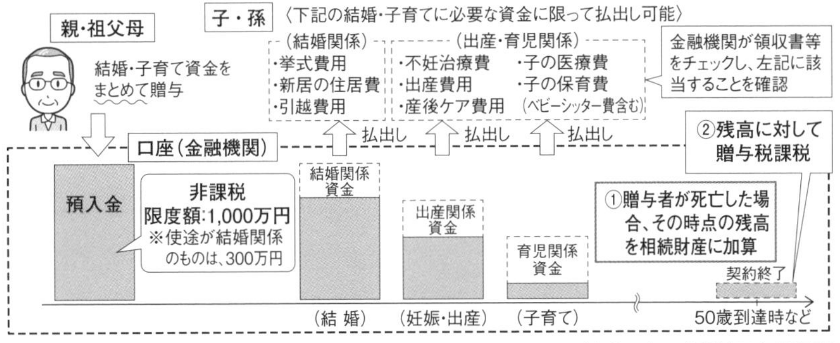

（出典：自民党税制調査会資料）

(3)税制改正による子育て費用の適用対象の拡大

令和6年度税制改正により、児童福祉法の改正に伴い、直系尊属から結婚・子育て資金の一括贈与を受けた場合の贈与税の非課税措置について、その適用対象となる結婚・子育て資金の範囲に、児童福祉法に定められる子育て世帯訪問支援事業および親子関係形成支援事業に係る施設に支払うものが加えられます。

それぞれの事業内容については、次の資料をご参照ください。

改正後の制度の概要

項目	適用条件・内容等
贈与者	受贈者の直系尊属
受贈者	18歳以上50歳未満の者
非課税限度額	非課税限度額1,000万円（うち結婚費用は300万円を限度）
結婚・子育て資金	①挙式費用、衣装代等の婚礼（結婚披露）、家賃・敷金等の新居費用、転居費用など ②妊娠、出産および育児に要する不妊治療、妊婦健診、分べん費等、産後ケア、子の医療費、幼稚園・保育所等の保育料（ベビーシッター代を含む）など **改正後** **児童福祉法の子育て世帯訪問支援事業および親子関係形成支援事業に係る施設に支払うものを追加**
期 間	平成27年4月1日から令和7年3月31日までの拠出
申 告	金融機関を通じて非課税申告書を提出
贈与者死亡時	死亡時の残高を相続財産に加算
契約終了時※	残高に対して贈与税を課税

※(1)50歳に達した日、(2)信託財産がゼロになった場合において結婚・子育て資金管理契約を終了させる旨の合意に基づき終了する日、のいずれか早い日

子育て世帯訪問支援事業・親子関係形成事業とは

子育て世帯訪問支援事業

事業の概要

【対 象 者】次のいずれかに該当する者

①保護者に監護させることが不適当であると認められる児童の保護者およびそれに該当するおそれのある保護者
②食事、生活環境等について不適切な養育状態にある家庭等、保護者の養育を支援することが特に必要と認められる児童のいる家庭およびそれに該当するおそれのある保護者
③若年妊婦等、出産後の養育について、出産前において支援を行うことが特に必要と認められる妊婦およびそれに該当するおそれのある妊婦
④その他、事業の目的を鑑みて、市町村が本事業による支援が必要と認める者（支援を要するヤングケアラーを含む）

【事業内容】

①家事支援（食事準備、洗濯、掃除、買い物の代行やサポート、等）
②育児・養育支援（育児のサポート、保育所等の送迎、宿題の見守り、外出時の補助、等）
③子育て等に関する不安や悩みの傾聴、相談・助言（※）
※保護者に寄り添い、エンパワメントするための助言等。なお、保健師等の専門職による対応が必要な専門的な内容は除く。
④地域の母子保健施策・子育て支援施策等に関する情報提供
⑤支援対象者や子どもの状況・養育環境の把握、市町村への報告

親子関係形成支援事業

事業の概要

【対 象 者】次のいずれかに該当する家庭

①保護者に監護させることが不適当であると認められる児童およびその保護者もしくはそれに該当するおそれのある児童および保護者
②保護者の養育を支援することが特に必要と認められる児童および保護者もしくはそれに該当するおそれのある児童および保護者
③乳幼児健診や乳児家庭全戸訪問事業の実施、学校等関係機関からの情報提供、その他により市町村が当該支援を必要と認める児童およびその保護者

【事業内容】

児童との関わり方や子育てに悩み・不安を抱えた保護者が、親子の関係性や発達に応じた児童との関わり方等の知識や方法を身につけるため、当該保護者に対して、講義、グループワーク、個別のロールプレイ等を内容としたペアレント・トレーニング等を実施するとともに、同じ悩みや不安を抱える保護者同士が相互に悩みや不安を相談・共有し、情報の交換ができる場を設けることで、健全な親子関係の形成に向けた支援を行う。

（出典：こども家庭庁「令和６年度放課後児童対策・こども・子育て支援関連予算案の概要」）

第８章

土地・住宅税制の改正

令和６年度の土地・住宅税制の改正では、少子化対策として子育て世帯および若者夫婦世帯への税制上の応援措置が取り入れられました。

なお、住宅ローン控除については、令和６年１月１日以後の入居分から認定住宅、ZEH水準省エネ住宅および省エネ基準適合住宅のみ適用可能となっています。

1 子育て世帯等に対する住宅ローン控除の拡充

POINT!

■子育て世帯および若者夫婦世帯の年末借入限度額を拡充

■床面積40㎡以上50㎡未満の住宅への適用の延長

■令和６年１月１日以後居住開始からその他住宅は適用不可

措法41、41の2、41の2の2、41の2の3、措令26、26の2、措規18の21

解説

(1)制度の概要

個人が住宅用家屋とその敷地を一定の借入金で新築、取得または増改築等（以下、取得等）した場合、住宅ローン控除として年末の借入金残高に0.7%を乗じた金額を、居住を開始した年以後の所得税額から控除することができます。その年末借入金残高の限度額は、新築・買取再販の場合、令和4年および令和5年居住開始分については、認定住宅5,000万円、ZEH水準省エネ住宅4,500万円、省エネ基準適合住宅4,000万円、その他の住宅3,000万円、令和6年および令和7年居住開始分については認定住宅4,500万円、ZEH水準省エネ住宅3,500万円、省エネ基準適合住宅3,000万円となっています。

(2)子育て世代の住宅ローン控除の拡充

令和6年度税制改正により、少子化対策の一環として子育て世帯および若者夫婦世帯を支援する目的で、夫婦のいずれか一方が40歳未満または年齢19歳未満の扶養親族を有する「子育て特例対象個人」が、これらの住宅を取得等した場合の上限額について、令和6年居住開始分について令和5年居住開始分と同額に拡充されました。改正では令和6年居住開始分のみとされていますが、延長に含みを持たせることとされています。

子育て特例対象個人

・年齢40歳未満であって配偶者を有する者
・年齢40歳以上であって年齢40歳未満の配偶者を有する者
・年齢19歳未満の扶養親族を有する者

住宅ローン控除の借入限度額および要件等

控除率：0.7%

＜入居年＞			2022(R4)年	2023(R5)年	2024(R6)年	2025(R7)年
						与党大綱 R7年度税制改正にてR6と同様の方向性で検討
借入限度額	新築住宅・買取再販	長期優良住宅・低炭素住宅	5,000万円		4,500万円 子育て世帯・若者夫婦世帯※:5,000万円【今回改正内容】	4,500万円
		ZEH水準省エネ住宅	4,500万円		3,500万円 子育て世帯・若者夫婦世帯※:4,500万円【今回改正内容】	3,500万円
		省エネ基準適合住宅	4,000万円		3,000万円 子育て世帯・若者夫婦世帯※:4,000万円【今回改正内容】	3,000万円
		その他の住宅	3,000万円		0円（2023年までに新築の建築確認：2,000万円）	
	既存住宅	長期優良住宅・低炭素住宅 ZEH水準省エネ住宅 省エネ基準適合住宅	3,000万円			
		その他の住宅	2,000万円			
控除期間		新築住宅・買取再販	13年（「その他の住宅」は、2024年以降の入居の場合、10年）			
		既存住宅	10年			
所得要件			2,000万円			
床面積要件			50㎡（新築の場合、2024(R6)年までに建築確認:40㎡【今回改正内容】(所得要件:1,000万円)）			

与党大綱 R7年度税制改正にてR6と同様の方向性で検討

※「19歳未満の子を有する世帯」または「夫婦のいずれかが40歳未満の世帯」

（出典：国土交通省「令和6年度国土交通省税制改正概要」）

借入限度額の上乗せ

対象者	「子育て特例対象個人」
対象となる物件取得	・認定住宅等の新築 ・認定住宅等で建築後使用されたことのないものの取得 ・買取再販認定住宅等の取得
上乗せ額	認定住宅（長期優良住宅・低炭素住宅）➡500万円 ZEH水準省エネ住宅・省エネ基準適合住宅➡各1,000万円

用語の意義

認定住宅	認定長期優良住宅および認定低炭素住宅
認定長期優良住宅	長期優良住宅の普及の促進に関する法律に規定する認定長期優良住宅に該当するものとして証明がされたもの
認定低炭素住宅	都市の低炭素化の促進に関する法律に規定する低炭素建築物に該当する家屋および同法の規定により低炭素建築物とみなされる特定建築物に該当するものとして証明がされたもの
ZEH水準省エネ住宅※（特定エネルギー消費性能向上住宅）	認定住宅以外の家屋でエネルギーの使用の合理化に著しく資する住宅の用に供する家屋（断熱等性能等級５以上および一次エネルギー消費量等級６以上の家屋）に該当するものとして証明がされたもの
省エネ基準適合住宅（エネルギー消費性能向上住宅）	認定住宅およびZEH水準省エネ住宅以外の家屋でエネルギーの使用の合理化に資する住宅の用に供する家屋（断熱等性能等級４以上および一次エネルギー消費量等級４以上の家屋）に該当するものとして証明がされたもの
買取再販認定住宅等	認定住宅等である既存住宅のうち宅地建物取引業者により一定の増改築等が行われたもの

※ZEH水準省エネ住宅の基準は、「壁の構造基準（壁量計算）」および「柱の構造基準（柱の小径）」につき見直しが行われ、令和７年４月に施行予定です。

(3) 40㎡以上50㎡未満の住宅への適用の延長

床面積が40㎡以上50㎡未満である住宅用家屋（令和6年12月31日以前に建築確認を受けたものの新築または建築後使用されたことのないもの）の取得についても適用できます。ただし、所得税の合計所得金額が1,000万円を超えるものについては適用できません。この適用期限が令和6年12月31日まで延長されました。

(4) 買取再販住宅の要件

買取再販によって住宅を取得した場合の適用は、次の全ての要件を満たすものに限られます。

①既存住宅のうち、新築された日から起算して10年を経過したもの

②宅地建物取引業者が取得してから2年以内に適用を受けようとする者が取得した家屋であること

③特定増改築として行う増築、改築、その他一定の定められた工事であること（その工事と一体となって効用を果たす設備の取換えまたは取付けに係る工事を含む）

④その工事に要した費用の総額がその家屋の個人に対する譲渡の対

価の額の100分の20に相当する金額（その金額が300万円を超える場合には300万円）以上であること

⑤その他一定の要件を満たすこと

⑥既存住宅に係る特定の改修工事をした場合の所得税額の特別控除の適用を受けていないこと

(5)令和６年以後省エネ基準を満たさない住宅は対象外

令和６年１月１日以後に建築確認を受ける住宅の用に供する家屋（登記簿上の建築日付が同年６月30日以前のものを除く）または建築確認を受けない住宅の用に供する家屋で登記簿上の建築日付が同年７月１日以降のもののうち、省エネ基準を満たさないものの新築または当該家屋で建築後使用されたことのないものの取得について、住宅ローン控除の適用はできません。

(6)既存住宅の適用要件

適用対象となる既存住宅の要件について築年数要件は廃止されており、新耐震基準に適合している住宅の用に供する家屋（登記簿上の建築日付が昭和57年１月１日以降の家屋については、新耐震基準に適合している住宅の用に供する家屋とみなす）であることとされています。

(7)東日本大震災の被災者等に係る住宅ローン控除の拡充

東日本大震災の被災者等が再建住宅の取得等をして令和４年から令和７年までの間に居住の用に供した場合において、住宅借入金等の金額を有するときは、「住宅の再取得等に係る住宅借入金等特別控除の控除額の特例」を適用できます。借入限度額、控除率および控除期間は次のとおりです。

居住年	借入限度額	控除率	控除期間
令和４年・令和５年	5,000万円	0.9%	13年
令和６年・令和７年	4,500万円		

（注）上記の金額等は、再建住宅の取得等が居住用家屋の新築または居住用家屋で建築後使用されたことのないもの、もしくは宅地建物取引業者により一定の増改築等が行われたものの取得である場合の金額等であり、それ以外の場合（既存住宅の取得または住宅の増改築等）における借入限度額は一律3,000万円で、控除期間は一律10年とする。

改正によって子育て特例対象個人である住宅被災者については、借入限度額が500万円上乗せされました。また、新築住宅等の床面積要件の緩和措置が1年延長されています。

(8)適用関係

(2)および**(7)**の上乗せ措置は令和6年1月1日から同年12月31日までの間に居住の用に供した場合に、**(3)**および**(7)**の緩和措置は令和6年12月31日以前に建築確認を受けた家屋にそれぞれ適用されます。

2 特定の居住用財産の買換え等の長期譲渡所得の課税の特例の延長等

■適用期限が２年延長

措法36の2、36の5、措令24の2

(1) 制度の概要

個人が所有期間10年を超える居住用財産（居住期間10年以上であるものに限る）を譲渡し、譲渡年の前年および譲渡年に自己が居住するための居住用財産を取得した場合には次のように長期譲渡所得の課税の特例が適用されます。

①譲渡資産の譲渡による収入金額が買換資産の取得価額以下である場合は、譲渡資産の譲渡がなかったものとする

②譲渡資産の譲渡による収入金額が買換資産の取得価額を超える場合は、譲渡資産のうちその超える金額に相当するものについて譲渡があったものとする

(2) 買換資産の要件に省エネ基準が追加されている

令和4年度税制改正により、買換資産が令和6年1月1日以後に建築確認を受ける住宅（登記簿上の建築日付が同年6月30日以前のものを除く）または建築確認を受けない住宅で登記簿上の建築日付が同年7月1日以降のものである場合の要件に、その住宅が一定の省エネ基準を満たすものであることが加えられています。

(3) 適用関係

適用期限が令和7年12月31日まで2年延長されました。

特定の居住用財産の買換え等の長期譲渡所得の課税の特例の概要

特例制度	特定の居住用財産の買換え（交換）特例
譲渡資産の要件	①居住用財産であること ②所有期間：10年超 ③居住期間：10年以上
買換資産の要件	①居住用財産であること ②面積要件等 建物：床面積　50㎡以上 土地：面積　500㎡以下 耐火建築物の既存住宅：築後25年以内等 非耐火既存住宅：築後25年以内または一定の耐震基準を満たすこと ③令和6年1月1日以後に建築確認を受ける住宅（登記簿上の建築日付が同年6月30日以前のものを除く）または建築確認を受けない住宅で登記簿上の建築日付が同年7月1日以降のものである場合 ➡一定の省エネ基準を満たすこと
譲渡価額の上限	譲渡価額1億円を上限
適用関係	令和5年12月31日までの譲渡 → **改正後** 令和7年12月31日まで2年延長

3 居住用財産の買換え等の譲渡損失の損益通算及び繰越控除の特例の延長

■適用期限が２年延長

■住宅借入金等の残高証明書の確定申告書への添付を不要に

措法41の5、措規18の25、措規附11

(1)制度の概要

居住用財産を買い換えるに当たり譲渡損失が発生した場合に、その譲渡損失を他の所得と損益通算でき、損失を引ききれなかった場合には、翌年以降最長3年繰越控除できる特例制度があります。

譲渡した資産に係る住宅ローン残高がなくても、住宅を買換取得する際に住宅ローンを組んでいれば適用することができます。

居住用財産の買換え等の譲渡損失の損益通算及び繰越控除の特例の概要

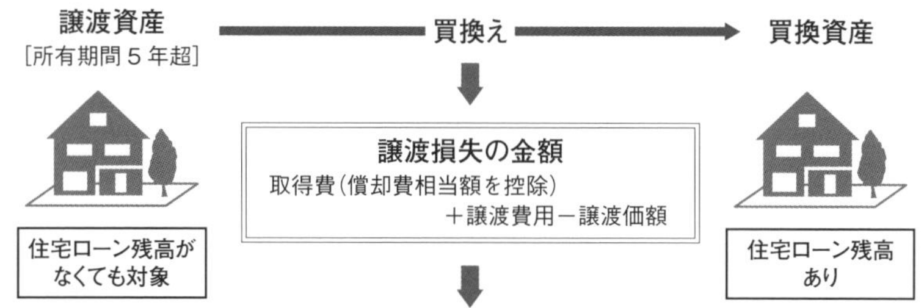

(2)譲渡資産の要件

譲渡する居住用家屋とその敷地は、譲渡した年の１月１日現在で所有期間が5年を超えていることが条件で、譲渡する居住用財産に住宅ローンがなくても適用可能です。しかし、譲渡した相手先が親族などの場合には適用されません。

譲渡資産の要件

居住用財産	居住用家屋または土地等であること
譲渡期間	平成10年1月1日〜令和7年12月31日
所有期間	譲渡した年の1月1日現在5年超であること
譲渡先	親族などは不可

⬅ 改正後

(3)買換資産の要件と繰越控除の所得要件

買換資産の床面積は50㎡以上でなければならず、適用しようとする年の年末に買換資産に係る住宅ローンの残高があることが要件です。また、繰越控除については合計所得金額が3,000万円以下の年分に限られます。

買換資産の要件と繰越控除の所得要件

取得期限	譲渡資産を譲渡した年の前年1月1日から翌年12月31日まで
床面積	50㎡以上
居住要件	取得日からその翌年12月31日までに居住または居住の見込み
所得要件	繰越控除は合計所得金額3,000万円以下の年分に限る
その他	適用年の年末に買換資産の住宅ローンの残高があること

(4)住宅借入金等の残高証明書の確定申告書への添付が不要に

令和6年度税制改正により、この特例の適用を受けようとする個人が買換資産の住宅借入金等に係る債権者に対して住宅取得資金に係る借入金等の年末残高等調書制度の適用申請書の提出をしている場合には、住宅借入金等の残高証明書の確定申告書等への添付を不要とされました。

(5)適用関係

適用期限が令和7年12月31日まで2年延長されました。

(4)の改正は令和6年1月1日後の譲渡から適用されます。

4 特定居住用財産の譲渡損失の損益通算及び繰越控除の適用期限の延長

POINT!

■適用期限が2年延長

措法41の5の2

解説

(1)特定居住用財産の譲渡損失の繰越控除等の特例の概要

居住用財産を譲渡して損失が発生した後、居住用資産を買換取得しなくとも、その譲渡損失を他の所得と損益通算でき、損失を引ききれなかった場合には翌年以降3年間繰越控除できる特例です。ただし、譲渡した居住用財産の譲渡価額を上回る住宅ローン残高（いわゆるオーバーローン）がある場合に限って適用されます。

譲渡損失の金額と住宅ローン残高のうち譲渡対価の額を上回る金額とのいずれか少ない金額が損益通算・繰越控除の適用対象金額となります。

(2)適用要件

オーバーローン状態でなければ適用がありませんので、居住用財産の譲渡契約の前日に、その住宅に係る住宅ローンの残高が残ってなければなりません。また、譲渡損失の繰越控除については、譲渡した者の合計所得金額が3,000万円以下の年分に限り適用されます。

特定居住用財産の譲渡損失の損益通算・繰越控除の概要

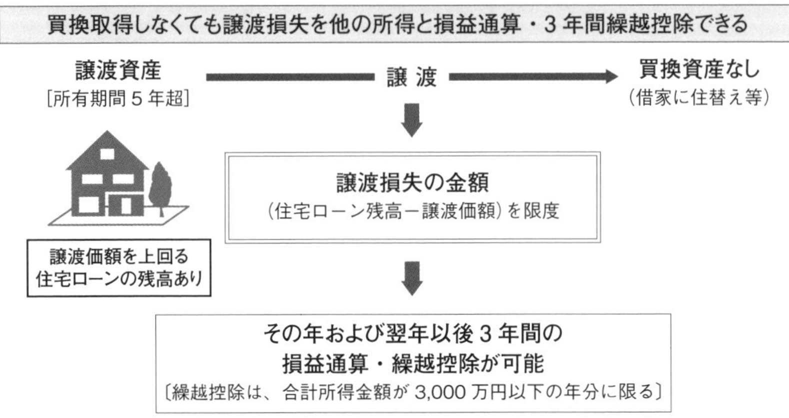

損益通算の対象となる金額の計算など

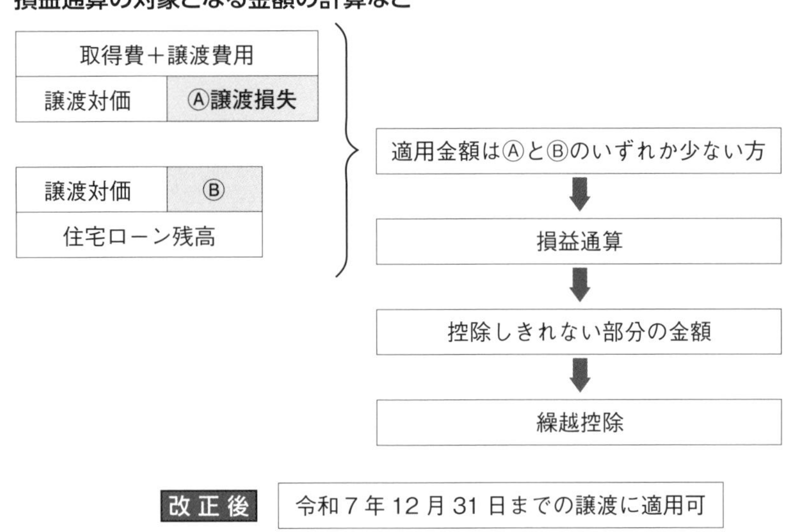

改正後 令和7年12月31日までの譲渡に適用可

(3) 適用関係

適用期限が令和7年12月31日まで2年延長されました。

5 収用交換等の場合の5,000万円特別控除等の拡充

POINT!

■漁港水面施設運営権の消滅による補償金等を適用対象に追加

■障害者の就労移行支援の用に供する土地等の譲渡を簡易証明制度の対象に追加

措法33、33の4、64、65の2

(1)制度の概要

資産を収用交換等により譲渡した場合には、①収用交換等の場合の課税の繰延べの特例または②収用交換等の場合の5,000万円の特別控除の特例のいずれかを選択して譲渡所得の金額を計算することができます。

(2)対象取引を追加

改正によって適用対象に次の取引が加えられました。

①土地収用法に規定する事業の施行者が行うその事業の施行に伴う漁港水面施設運営権の消滅により補償金を取得する場合

②地方公共団体が漁港及び漁場の整備等に関する法律の規定に基づき公益上やむを得ない必要が生じたときに行う漁港水面施設運営権の取消しに伴う資産の消滅等により補償金を取得する場合

(3)簡易証明制度の対象

「障害者の日常生活及び社会生活を総合的に支援するための法」の改正を前提として、同法の就労移行支援の用に供する土地等について、引き続き収用交換等の場合の譲渡所得の5,000万円特別控除等に係る簡易証明制度の対象とされます。

特定土地区画整理事業等のために土地等を譲渡した場合の2,000万円特別控除の拡充・縮小

POINT!

■特別緑地保全地区内の土地等の都市緑化支援機構への譲渡を対象に追加

■特別緑地保全地区内の土地等の緑地保全・緑化推進法人への譲渡を対象から除外

■歴史的風土特別保存地区内の土地等の都市緑化支援機構への譲渡を対象に追加

 措法34②、65の3、措令22の7、39の4、措規17、22の4

(1)制度の概要

国、地方公共団体または独立行政法人都市再生機構等が行う土地区画整理法による土地区画整理事業等のために、これらの者に土地等が買い取られた場合には、譲渡所得の金額の計算上2,000万円の特別控除額を控除できます。

(2)適用対象の拡充・縮小

改正によって次の措置が講じられました。

①適用対象に都市緑地法に規定する特別緑地保全地区内の土地等が同法の規定により都市緑化支援機構（一定のものに限る）に買い取られる場合が加えられました。

②適用対象から特別緑地保全地区内の土地等が同法の規定により緑地保全・緑化推進法人に買い取られる場合が除外されました。

③適用対象に古都における歴史的風土の保存に関する特別措置法に規定する歴史的風土特別保存地区内の土地等が同法の規定により都市緑化支援機構（一定のものに限る）に買い取られる場合が加えられました。

7 認定住宅等の新築等をした場合の所得税額の特別控除の見直し・延長

- 適用対象者の合計所得金額要件を2,000万円に引下げ
- 適用期限が２年延長

措法41の19の4

解説

(1)制度の概要

個人が認定長期優良住宅および認定低炭素住宅ならびにZEH水準省エネ住宅を新築または建築後使用されたことのないこれらの住宅を取得し、新築等の日から6カ月以内に居住を開始した場合には、標準的な性能強化費用相当額の10％（最大65万円）を取得した年の所得税額から控除することができます。

(2)適用対象者の合計所得金額要件を2,000万円に引下げ

適用対象者はその年の合計所得金額が3,000万円以下の者とされていました。改正により、令和6年1月1日以後の居住開始から合計所得金額2,000万円以下の者に引き下げられました。

(3)税額控除額

税額控除額はこれらの認定住宅の新築等に係る標準的な性能強化費用相当額（最大650万円）の10％で、最大税額控除額は65万円です。当年分の所得税額から控除しきれない場合には、控除不足額を翌年分の所得税額から控除できます。

控除額※ ＝ 標準的なかかり増し費用の額 × 10%

※認定住宅の新築等に係る対価の額に含まれる消費税額等が8%または10%の税率により課される場合の最高額は65万円

(4) 標準的な性能強化費用相当額

認定住宅等の新築等に係る標準的な性能強化費用相当額は、その構造にかかわらず、適用対象住宅の床面積1㎡当たり45,300円とされています。

(6) 重複適用

居住用財産の買換え等の特例との重複適用が認められています。一方、居住用財産の譲渡所得の軽減税率および居住用財産の3,000万円特別控除を、その居住の用に供した年とその前2年・後3年の計6年の間に受けた場合には認定住宅の新築等をした場合の所得税額の特別控除の特例の適用を受けることができません。

(7) 適用関係

適用期限が令和7年12月31日まで2年延長されました。

認定住宅等の新築等をした場合の所得税額の特別控除の特例の概要

対象住宅	新築または建築後使用されたことのない住宅 既存住宅は不可
認定住宅等	・認定長期優良住宅 ・認定低炭素住宅 ・ZEH（環境配慮型）水準省エネ住宅
対象者	合計所得金額3,000万円以下 **改正後** **合計所得金額2,000万円以下**
住宅ローン控除	選択適用
重複適用可	居住用財産の買換え等の特例
重複適用不可	居住用財産の譲渡所得の軽減税率および居住用財産の3,000万円特別控除をその居住の用に供した年とその前2年・後3年の計6年の間に受けた場合
居住開始	新築等の日から6カ月以内の居住開始
所得税額控除額	標準的な性能強化費用相当額×10％＝最大65万円
適用期間	令和5年12月31日までの居住開始 **改正後** **令和6年1月1日から令和7年12月31日までの居住開始**

8 既存住宅の耐震改修をした場合の所得税額の特別控除の延長

■適用期限が２年延長

措法41の19の2、措令26の28の4、措規19の11の2

昭和56年5月31日以前に建築された家屋について、昭和56年6月1日施行の耐震基準に適合させるための耐震改修をした場合には、耐震改修工事に係る標準的な費用の額（最大250万円）の10％相当額を、工事等をした年分の所得税額から控除することができます。この適用期限が令和7年12月31日の居住開始まで2年延長されました。

既存住宅の耐震改修をした場合の所得税額の特別控除の概要

期　間	平成18年4月1日から令和5年12月31日 ↓ 改正案　令和7年12月31日まで2年延長
耐震改修	昭和56年6月1日施行耐震基準に適合させるための耐震改修 昭和56年5月31日以前に建築された家屋
税額控除額	①下記②以外の場合 住宅耐震改修に係る標準的な工事費用相当額※－ 補助金等の額　／　最大200万円×10％ ※改修工事の種類ごとに標準的な工事費用の額として定められた金額×床面積 ②消費税率10％の場合 耐震改修工事に係る標準的な費用の額　／　最大250万円×10％
確定申告要件	1. 建築士等が発行する増改築等工事証明書または市町村の住宅耐震改修証明書 2. 住宅耐震改修特別控除額の計算明細書 3. 請負契約書の写しその他 4. 家屋の登記事項証明書等
対象物件	自己が居住する家屋（自己が所有しない家屋でも可）

9 既存住宅に係る特定の改修工事をした場合の所得税額の特別控除の見直し・延長

POINT!

- ■子育て特例対象個人が行う子育て対応改修工事を対象に追加
- ■適用対象者の合計所得金額要件を2,000万円に引下げ
- ■省エネ改修工事の範囲を見直し
- ■適用期限を令和7年12月31日の居住開始まで2年延長

措法41の19の3、措令26の28の5、措規19の11の3

解説

(1)既存住宅に係る特定の改修工事をした場合の所得税額の特別控除の概要

個人が、所有する居住用の家屋について、耐震、バリアフリー、省エネ、多世帯同居および長期優良住宅にするための改修必須工事をした場合、必須工事について一定の工事限度額の10%を所得税額から控除できる制度があります。これらの工事を複合して行う場合には控除額に上乗せすることもできます。

(2)子育て世帯に対する措置の創設

子育て世帯の住居環境を改善する観点から、子育て世帯および若者夫婦世帯（子育て特例対象個人※）が有する居住用の家屋について、子育て対応改修工事を行った場合、その標準的な工事費用相当額（限度額：250万円）の10%を所得税額から控除することができることとされました。

※P193参照

特別控除の対象工事限度額および最大控除額

対象工事		対象工事限度額	最大控除額（対象工事）
耐震		250万円	25万円
バリアフリー		200万円	20万円
省エネ		250万円（350万円）※4	25万円（35万円）※4
多世帯同居		250万円	25万円
長期優良住宅化	耐震＋省エネ＋耐久性	500万円（600万円）※4	50万円（60万円）※4
	耐震or省エネ＋耐久性	250万円（350万円）※4	25万円（35万円）※4
子育て［拡充］		**250万円**	**25万円**

※1 「19歳未満の子を有する世帯」または「夫婦のいずれかが40歳未満の世帯」
※2 ①住宅内における子どもの事故を防止するための工事、②対面式キッチンへの交換工事、③開口部の防犯性を高める工事、④収納設備を増設する工事、⑤開口部・界壁・床の防音性を高める工事、⑥間取り変更工事（一定のものに限る）
※3 対象工事の限度額超過分およびその他増改築等工事についても一定の範囲まで5%の税額控除
※4 カッコ内の金額は、太陽光発電設備を設置する場合

（出典：国土交通省「令和6年度国土交通省税制改正概要」、一部改変）

(3)対象子育て対応改修工事等の範囲

対象子育て対応改修工事等の範囲は次のようになっています。

対象子育て対応改修工事等の範囲

①住宅内における子どもの事故を防止するための工事
②対面式キッチンへの交換工事
③開口部の防犯性を高める工事
④収納設備を増設する工事
⑤開口部・界壁・床の防音性を高める工事
⑥間取り変更工事（一定のものに限る）

①その工事に係る標準的な工事費用相当額（補助金等の交付がある場合には、補助金等控除した後の金額）が50万円を超えること
②当該居住の用に供する部分に係る当該子育て対象改修工事等が要した費用の額が当該子育て対応改修工事等に要した費用の額の2分の1以上
③床面積が50㎡以上
④その他一定の要件を満たすもの

(4)省エネ改修工事の範囲の見直し

適用対象となる省エネ改修工事のうち、省エネ設備の取替えまたは取付け工事について、エアコンディショナーに係る基準エネルギー消費効率の引上げに伴い、その工事の対象設備となるエアコンディショナーの省エネルギー基準達成率が107%（改正前：114%以上）に変更されました。

(5)適用対象者の合計所得金額要件を2,000万円に引下げ

適用することができるのはその年の合計所得金額が3,000万円以下

の者とされていましたが、令和6年1月1日以後の居住開始から合計所得金額2,000万円以下の者に見直されました。

(6)必須工事の対象工事限度額および控除率

特定の必須改修工事をして令和6年および令和7年に居住の用に供した場合（その工事の日から6カ月以内にその者の居住の用に供した場合に限る）の標準的な工事費用の額に係る控除対象限度額および控除率は10%とされています。

(7)その他の工事については5%相当額

個人が所有する居住用の家屋について上記**(6)**の必須工事をして、その他の複合工事（必須工事の対象工事限度額超過分およびその他のリフォーム工事）をした場合には、次の合計額（必須工事に係る標準的な費用相当額と同額まで、かつ、必須工事とあわせて1,000万円が限度）の5%に相当する金額となります。

①当該耐震改修工事または対象工事に係る標準的な工事費用相当額（控除対象限度額を超える部分に限る）の合計額	×5%
＋	
②当該耐震改修工事または対象工事とあわせて行うその他の一定の工事に要した費用の金額（補助金等の交付がある場合には当該補助金等の額を控除した後の金額）の合計額	

※1　必須工事に係る標準的な費用相当額と同額まで
※2　ただし、必須工事（控除対象限度額まで）とあわせて1,000万円が限度

(8)標準的な工事費用相当額

標準的な工事費用相当額とは、耐震改修工事または対象工事の種類等ごとに標準的な工事費用の額として定められた金額に耐震改修工事または対象工事を行った床面積等を乗じて計算した金額（補助金等の交付がある場合にはその補助金等の金額を控除した金額）をいいます。

(9)適用関係

適用期限が令和7年12月31日まで2年延長されました。

(2)については、当該居住用家屋を令和6年4月1日から同年12月31日までの間に居住の用に供した場合に適用されます。

10 固定資産税の負担調整措置

POINT!

■負担調整措置を継続

地法349、地法附17〜29の4

(1)商業地等に係る固定資産税の負担調整措置

商業地等の負担調整措置は、次のとおりです。

まず、前年度の課税標準額に当年度の評価額の5%を加えます。これを〔A〕とします。

〔A〕＝前年度課税標準額＋評価額×5%

負担水準＝前年度課税標準額／当該年度の評価額

①〔A〕がその年度の評価額の20%を下回る場合には20%とされます。ここでは課税標準が引き上げられます。

②〔A〕が20%以上60%未満の場合には〔A〕がそのまま課税標準額となります。

③〔A〕がその年度の評価額の60%を上回る場合には60%とされます。

④負担水準が60%以上70%以下のときは前年度課税標準額に据え置かれますが、地方公共団体が条例によって減額する制度を設けているときは減額されます。

⑤負担水準がその年度の評価額の70%を超えているときはその年度の評価額の70%が課税標準となります。

※税額が前年度の税額の1.1倍を超える場合には、地方公共団体が条例によって減額する制度を設けているときは超える金額を減額されます。

商業地等の場合、令和3年の評価額からすると多くの地点で評価額が上昇しており、令和6年1月1日現在の評価額は上昇しているところがほとんどでしょう。商業地の固定資産税・都市計画税の額は増加することになる可能性が高いでしょう。

固定資産税の負担調整措置のイメージ

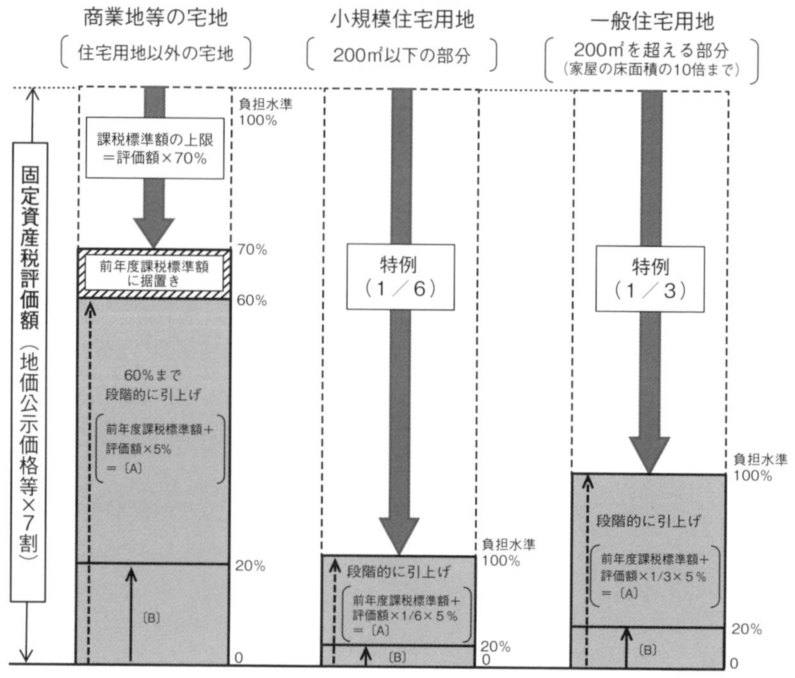

（総務省ウェブサイトを参考に作成）

(2)住宅用地に係る固定資産税の負担調整措置

住宅地については、1戸について200㎡までは課税標準を固定資産税評価額の6分の1とされるため、その年度の評価額の6分の1を基準として、前年度の課税標準額にその年度の評価額の6分の1の5%を加算した金額を〔A〕とし、〔A〕をその年度の評価額の6分の1の金額で割って計算した金額が20%を下回る場合には20%に引き上げ、20%以上100%以下の場合には〔A〕の金額とし、100%を上回る場合には100%相当額とされていました。

1戸について200㎡を超え家屋の床面積の10倍に達するまでは課税標準を固定資産税評価額の3分の1を基準として同様の措置が取られています。

改正後もこれらの措置が維持されています。

固定資産税の条例減額制度

【税負担急増土地に係る条例減額制度】

住宅用地、商業地等および特定市街化区域農地に係る固定資産税額等が、特例税額（注1）を上回る時は、条例に基づき、当該上回る税額を減額することを可能とする仕組み。

（注1）前年度課税標準×1.1以上で条例で定める率×税率

【商業地等に係る条例減額制度】

商業地等に係る固定資産税額等が、特例税額（注2）を上回る時は、条例に基づき、当該上回る税額を減額することを可能とする仕組み。

（注2）評価額×60～70%の範囲で条例で定める率×税率

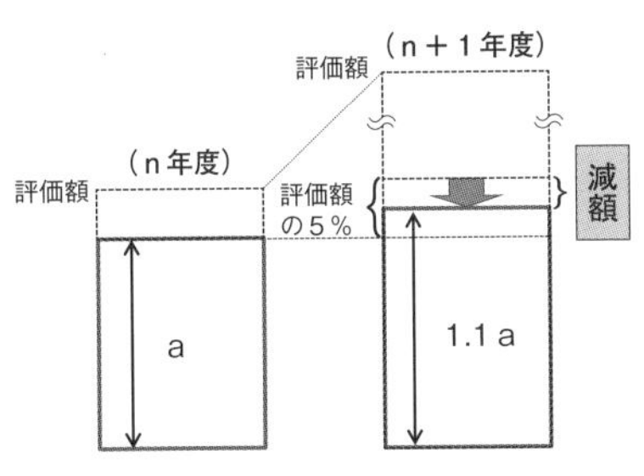

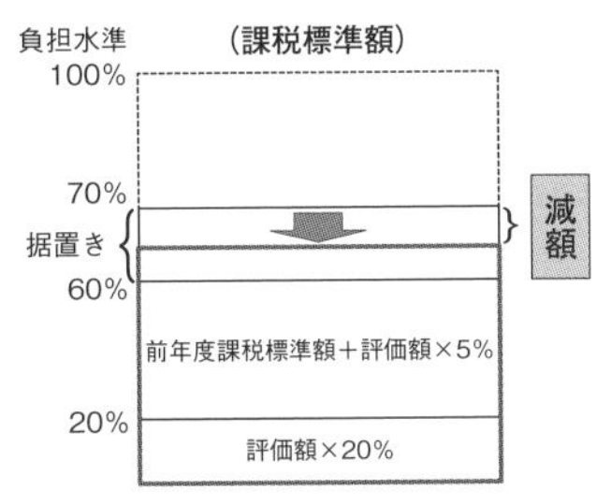

（出典：自民党税制調査会資料）

(3)農地に係る固定資産税の負担調整措置の延長

農地についても固定資産税の負担調整措置が設けられていますが、改正によりこれも延長されました。

①一般市街化区域農地

次のイとロのいずれか少ない方が固定資産税とされます。

イ　その年分の宅地並み評価額×3分の1×税率

ロ　前年度分の固定資産税の課税標準×一般のうちに適用されるその年度の負担調整率×税率

②特定市街化区域農地

次のイとロのいずれか少ない方の固定資産税とされます。

イ　その年分の宅地並み評価額×3分の1×税率

ロ　（前年度分の固定資産税の課税標準×その年度の課税標準となるべき価格×3分の1×5%）×税率

ただし、ロがイの2割未満となるときはイ×0.2の額となります。ロの税額は次ページ図の〔B〕の20%相当額を課税標準とした場合の税額を下限とします。

農地に係る固定資産税の負担調整措置

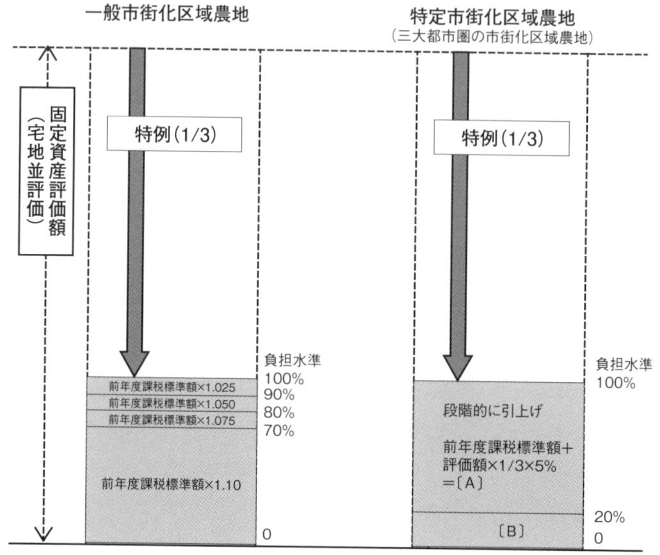

（出典：自民党税制調査会資料）

(4)適用関係

負担調整措置が令和9年3月31日まで延長して適用されます。

11 認定長期優良住宅等の普及促進税制の延長

POINT!

- ■令和５年３月末で認定長期優良住宅は1,474,572戸
- ■登録免許税の軽減措置が３年延長
- ■不動産取得税の課税標準の特例が２年延長
- ■固定資産税の軽減措置が２年延長

措法74、74の２、地法附11、15の７

(1)認定長期優良住宅等の普及促進税制の概要

「長期優良住宅の普及の促進に関する法律」が平成21年6月4日に施行され、令和5年3月末で制度運用開始から累計で1,474,572戸が長期優良住宅の認定を受けています。この認定を受けると登録免許税、不動産取得税、固定資産税、住宅ローン控除および所得税額の特別控除について特例措置を受けることができます。登録免許税、不動産取得税および固定資産税について適用期限が令和6年3月31日とされていましたが、登録免許税について令和9年3月31日まで3年延長され、不動産取得税および固定資産税について令和8年3月31日まで2年延長されました。

(2)特定認定長期優良住宅等に対する登録免許税の軽減措置の延長

建物登記をする際に必要な登録免許税は、本則、所有権保存登記が0.4%、所有権移転登記が2%ですが、個人の居住用家屋の所有権保存登記は0.15%に、所有権移転登記は0.3%に軽減され、その適用期限は令和6年3月31日までとされていました。

特定認定長期優良住宅についてはさらにそれぞれ0.1%に軽減され、一戸建ての特定認定長期優良住宅に係る所有権移転登記は0.2%とさ

れています。認定低炭素住宅については、所有権保存登記および所有権移転登記の登録免許税がそれぞれ0.1％に軽減されています。

この措置の適用期限が令和6年3月31日から令和9年3月31日まで3年延長されました。

特定認定長期優良住宅等に対する登録免許税の軽減

	本則	一般住宅特例（参考）	特定認定長期優良住宅特例	認定低炭素住宅特例
所有権保存登記	0.4%	0.15%	0.1%	0.1%
所有権移転登記	2%	0.3%	0.1%（戸建て0.2%）	0.1%

いずれも建築後使用されたことのない認定住宅を取得し、取得後1年以内の登記

(3)認定長期優良住宅に係る不動産取得税の課税標準の特例の延長

一定の要件を満たす新築住宅の取得に際しては、不動産取得税の課税標準の特例としてその評価額から1,200万円を控除することとされています。

認定長期優良住宅については、令和6年3月31日までに取得された新築のものについて、認定を受けて建てられたことを証する書類を添付して都道府県に申告がされた場合には、控除額を1,300万円とする特例があります。この適用期限が令和8年3月31日まで2年延長されました。

認定長期優良住宅および一般新築住宅の取得に係る不動産取得税の課税標準の特例の適用対象となる住宅

		認定長期優良住宅	一般新築住宅（参考）
要件	床面積	50㎡（戸建て以外の貸家住宅にあっては40㎡）以上240㎡以下	
	その他	認定長期優良住宅について、平成21年6月4日から令和8年3月31日までに取得された新築のものとして認定を受けたことを証する書類を添付して申告する	なし
軽減額		1,300万円	1,200万円

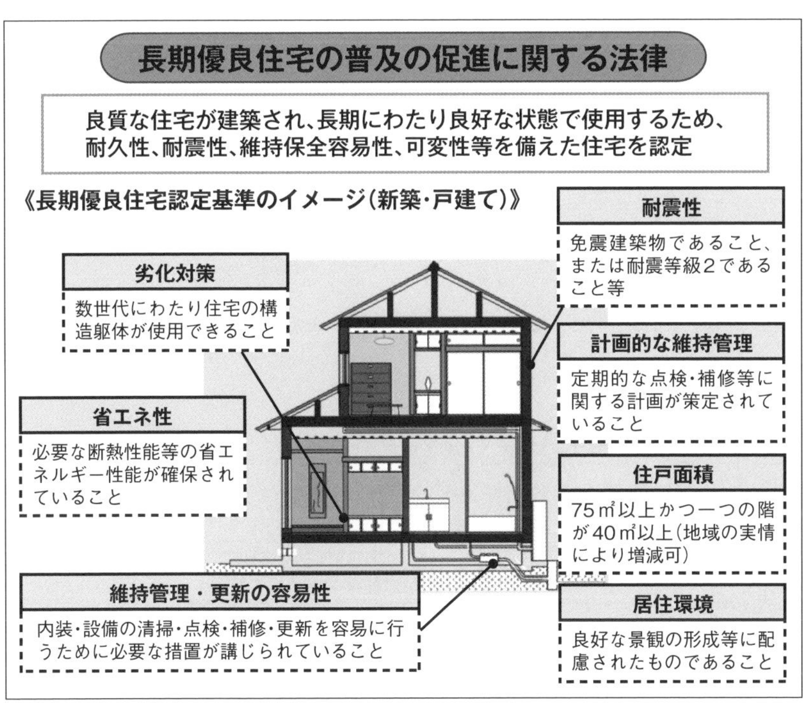
長期優良住宅の普及の促進に関する法律
良質な住宅が建築され、長期にわたり良好な状態で使用するため、
耐久性、耐震性、維持保全容易性、可変性等を備えた住宅を認定
《長期優良住宅認定基準のイメージ（新築・戸建て）》
劣化対策
数世代にわたり住宅の構造躯体が使用できること
省エネ性
必要な断熱性能等の省エネルギー性能が確保されていること
維持管理・更新の容易性
内装・設備の清掃・点検・補修・更新を容易に行うために必要な措置が講じられていること
耐震性
免震建築物であること、または耐震等級2であること等
計画的な維持管理
定期的な点検・補修等に関する計画が策定されていること
住戸面積
75㎡以上かつ一つの階が40㎡以上（地域の実情により増減可）
居住環境
良好な景観の形成等に配慮されたものであること

（出典：国土交通省資料）

(4) 認定長期優良住宅および一般新築住宅に係る固定資産税の減額措置の延長

新築された住宅に係る固定資産税については、長期優良住宅の認定を受けて建てられたことを証する書類を添付して市町村に申告がされた場合には、新築から5年度分（中高層耐火建築物にあっては7年度分）に限り、その住宅に係る固定資産税額（1戸当たり120㎡相当分に限る）の2分の1が減額されます。

また、新築された一般住宅の固定資産税については、新たに固定資産税が課されることになった年度から3年度分（中高層耐火建築物にあっては5年度分）に限り、その住宅にかかる固定資産税（1戸当たり120㎡相当分に限る）の2分の1が減額されます。

この適用期限が令和8年3月31日まで2年延長されました。

認定長期優良住宅に係る固定資産税の減額措置

建物の固定資産税 × 居住用部分の床面積（1戸当たり120㎡を限度）/ その建物の総床面積 × 1/2 ＝ 軽減

適用期間	地上階3以上の耐火・簡易耐火建築物	7年
	それ以外	5年

適用要件　①建物の総床面積の50%以上が居住用
②1戸当たり居住用床面積50㎡以上280㎡以下
（賃貸共同住宅の場合は40㎡以上280㎡以下）

適用期限　令和6年3月31日➡ **改正後** 令和8年3月31日まで延長

一般新築住宅に係る固定資産税の減額措置

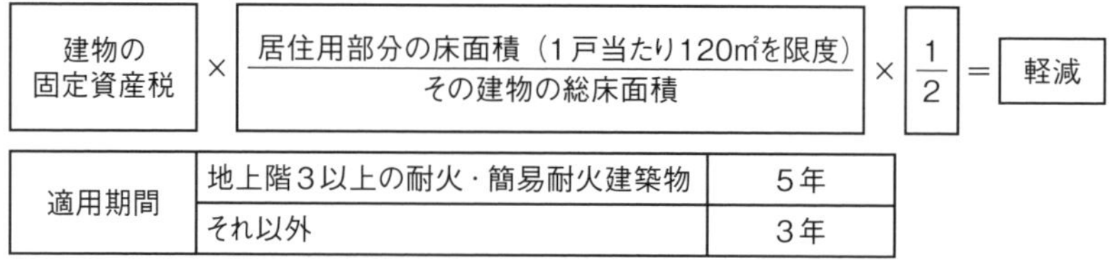

建物の固定資産税 × 居住用部分の床面積（1戸当たり120㎡を限度）/ その建物の総床面積 × 1/2 ＝ 軽減

適用期間	地上階3以上の耐火・簡易耐火建築物	5年
	それ以外	3年

適用要件　①建物の総床面積の50%以上が居住用
②1戸当たり居住用床面積50㎡以上280㎡以下
（賃貸共同住宅の場合は40㎡以上280㎡以下）

適用期限　令和6年3月31日➡ **改正後** 令和8年3月31日まで延長

12 登録免許税の軽減税率の延長

POINT!

■個人の住宅用家屋の所有権移転、所有権保存、抵当権設定の登録免許税の軽減措置の延長

措法72の2、73、75

個人の住宅用家屋についての所有権移転登記に係る登録免許税の税率は原則2％のところ0.3％、所有権保存登記に係る登録免許税は原則0.4％のところ0.15％、抵当権設定登記に係る登録免許税は原則債権額の0.4％のところ0.1％にそれぞれ軽減されています。

この適用期限が令和9年3月31日まで3年延長されました。

①住宅用家屋の所有権の保存登記に対する登録免許税の税率の軽減措置

②住宅用家屋の所有権の移転登記に対する登録免許税の税率の軽減措置

③住宅取得資金の貸付け等に係る抵当権の設定登記に対する登録免許税の税率の軽減措置

登録免許税の軽減措置

	本則	軽減税率	
所有権の保存登記	0.4%	0.15%	(措法72の2)
所有権の移転登記	2.0%	0.3%	(措法73)
抵当権の設定登記	0.4%	0.1%	(措法75)

13 耐震・バリアフリー・省エネ等リフォームの固定資産税の特例の見直し・延長

POINT!

■耐震・バリアフリー・省エネ等リフォームの固定資産税の特例を2年延長

地法附15の9、15の9の2、地令附12

(1)特例措置の全体像

住宅に対して一定の耐震・バリアフリー・省エネおよび長期優良住宅化のリフォーム工事を行った場合には、その翌年分の固定資産税を一定割合減額する特例措置が設けられています。耐震改修は2分の1、バリアフリー改修および省エネ改修は3分の1、長期優良住宅化は3分の2それぞれ減額されます。

改修工事翌年の固定資産税の一定割合を減額

	減額割合	適用期限
耐震	1/2減額	令和6年3月31日 ➡ 改正後 令和8年3月31日
バリアフリー	1/3減額	
省エネ	1/3減額	
長期優良住宅化※	2/3減額	

※耐震改修または省エネ改修を行った住宅が認定長期優良住宅に該当することとなった場合

特例対象リフォームのイメージ

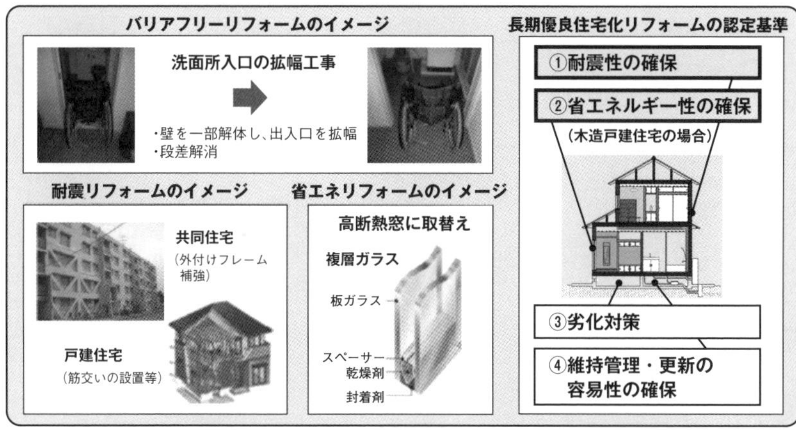

(2)耐震改修住宅に係る固定資産税の減額措置の延長

昭和57年1月1日以前から所在する住宅で、現行の耐震基準に適合する耐震改修を行ったものについては、一定の耐震住宅に適合する証明書を添付して市町村に申告すると、その住宅の固定資産税の2分の1を改修工事完了年の翌年分の固定資産税から1年度分だけ控除することとされています。

この減額措置の適用期限が令和8年3月31日まで2年延長されました。

耐震改修住宅に係る固定資産税の減額措置

<table>
<tr><td>対　象</td><td colspan="2">昭和57年1月1日以前から存する住宅</td></tr>
<tr><td>改修期間</td><td colspan="2">平成18年1月1日から令和6年3月31日
改正後 令和8年3月31日</td></tr>
<tr><td>改修工事</td><td colspan="2">昭和56年6月1日施行耐震基準適合改修工事
1戸当たり工事費50万円超のものに限る</td></tr>
<tr><td>減　額</td><td colspan="2">その住宅の固定資産税の1/2を改修工事完了年の翌年から減額</td></tr>
<tr><td rowspan="2">減額期間</td><td>工事完了時期</td><td>適用年度分</td></tr>
<tr><td>平成25年1月1日
～令和6年3月31日
改正後 令和8年3月31日</td><td>1年度分
「建築物の耐震改修の促進に関する法律」に規定する要安全確認沿道建築物に該当するもの ⇒ 2年度分</td></tr>
<tr><td>適用面積</td><td colspan="2">1戸当たり120㎡相当分まで</td></tr>
<tr><td>申　告</td><td colspan="2">地方公共団体、建築士、指定住宅性能評価機関または指定確認検査機関等の発行した証明書を添付して改修後3カ月以内に市町村に申告</td></tr>
</table>

(3)バリアフリー改修を行った住宅に係る固定資産税の減額措置の延長

新築された日から10年以上経過した一定のバリアフリー改修工事を行った床面積50㎡以上280㎡以下の住宅について、工事内容等を確認できる書類を添付して市町村に申告すると、その住宅に係る翌年度分の固定資産税額（1戸当たり100㎡相当分を限度）の3分の1が減額されます。

この減額措置の適用期限が令和8年3月31日まで2年延長されました。

適用対象住宅

<table>
<tr><td>①</td><td colspan="2">次のいずれかが居住する既存住宅（賃貸住宅を除く）
・65歳以上の者
・要介護認定または要支援認定を受けている者
・障害者</td></tr>
<tr><td>②</td><td colspan="2">新築された日から10年以上を経過した住宅</td></tr>
<tr><td>③</td><td colspan="2">改修後の住宅の床面積が50㎡以上280㎡以下</td></tr>
<tr><td>④</td><td colspan="2">店舗等併用住宅の場合は、床面積の1／2以上が居住用であること</td></tr>
<tr><td>⑤</td><td colspan="2">次の工事で補助金等を除く自己負担が50万円超
・廊下の拡幅　・手すりの設置
・階段の勾配の緩和　・屋内の段差の解消
・浴室改良　・引き戸への取替え工事
・便所改良　・床表面の滑り止め化</td></tr>
<tr><td>⑥</td><td colspan="2">確認手続
・改修後3カ月以内に市町村に報告
・工事証明書や写真等の関係書類…建築士、登録性能証明評価機関等の証明で可</td></tr>
</table>

(4)省エネ改修住宅に係る固定資産税の減額措置の延長

平成26年4月1日以前から所在する住宅で、一定の省エネ改修工事を行ったもの（賃貸住宅を除く）について、一定の省エネ住宅に適合する証明書を添付して市町村に申告すると、改修工事が完了した翌年分に限り、その住宅に係る固定資産税額（1戸当たり120㎡相当分を限度とする）の3分の1を減額することとされています（長期優良住宅の認定を受けた改修である場合、3分の2を減額）。

この減額措置の適用期限が令和8年3月31日まで2年延長されました。

適用対象住宅

平成26年4月1日に存していた住宅

①居室の全ての窓の改修工事 または ①とあわせて行う ②床の断熱工事 ③天井の断熱工事 ④壁の断熱工事	＋	⑤改修部位の省エネ性能がいずれも省エネ基準に新たに適合することとなること ⑥その工事費用の合計額が60万円を超えるもの※ ⑦国または地方公共団体からの補助金等をもって充てる部分を除く ⑧改修後の住宅の床面積が50㎡以上であること

※断熱改修に係る工事費が60万円超、または断熱改修に係る工事費が50万円超であって、太陽光発電装置、高効率空調機、高効率給湯器もしくは太陽熱利用システムの設置に係る工事費とあわせて60万円超

14 不動産取得税の税率軽減の延長等

POINT!

■宅地等の不動産取得税の課税標準２分の１特例の延長

■土地および住宅の取得に係る不動産取得税の軽減措置の３年延長

地法73の2、73の13、73の15、地法附11の2、11の5

解 説

(1)宅地等の不動産取得税の課税標準２分の１特例の延長

宅地や宅地比準土地を取得した場合における、その土地等の取得に対して課税される不動産取得税の課税標準は、固定資産税評価額の2分の1とされ、これに税率を乗じて計算することとされています。この適用期限が令和9年3月31日まで3年延長されました。

(2)土地および住宅の取得に係る不動産取得税の軽減措置の延長

住宅や土地を取得した場合に係る不動産取得税の税率は、本則4%のところ3%とする軽減措置が設けられています。この軽減措置の適用期限が令和9年3月31日まで3年延長されました。

不動産取得税の課税標準と税率の軽減措置

		改正後
・住 宅 ・住宅用地 ・商業地等の住宅地以外の宅地等	平成18年4月1日から 令和6年3月31日まで 3%（本則4%）	→ 令和９年３月31日まで
店舗、事務所等の住宅以外の家屋	4%	
宅地等については固定資産税評価額の２分の１に税率適用 令和６年３月31日まで		→ 令和９年３月31日まで

15 新築住宅特例適用土地に係る不動産取得税の軽減措置の住宅新築期限の特例の延長

■新築住宅特例適用土地に係る不動産取得税の軽減措置の住宅新築期限の特例の２年延長

地法附10の3

土地を取得してから住宅を新築する場合、土地に係る不動産取得税の住宅用土地の軽減措置（床面積の2倍「200㎡を限度」相当額の減額）を受けるには、原則として土地取得から2年以内に住宅を新築する必要があります。この「2年以内」を「3年以内」に緩和する措置が講じられており、また、独立部分が100以上ある共同住宅等で都道府県知事が認めた場合には4年以内の住宅新築まで緩和されています。

この特例措置の適用期限が令和8年3月31日まで2年延長されました。

土地取得から住宅新築までの期間の特例

			改正後
原則	２年以内に住宅新築		
特例	３年以内に住宅新築	➡ 令和６年３月31日までの土地取得	➡ 令和８年３月31日まで延長
やむを得ない事情がある場合※	４年以内に住宅新築	➡ 令和６年３月31日までの土地取得	➡ 令和８年３月31日まで延長

※独立部分が100以上ある共同住宅で都道府県知事が認めた場合

16 不動産譲渡に関する契約書等に係る印紙税の軽減税率の適用期限延長

POINT!

■印紙税の特例措置が３年延長

措法91

平成9年4月1日から令和6年3月31日までの間に作成される「不動産の譲渡に関する契約書」および「建築工事の請負に関する契約書」に貼付しなければならない印紙税については、軽減税率が適用されています。この適用期限が令和9年3月31日まで3年延長されました。

不動産の譲渡に関する契約書等の印紙税額表

契約金額		本則	特例措置
不動産の譲渡に関する契約書	建設工事の請負に関する契約書		
1万円未満		非課税	
1万円以上 10万円以下	1万円以上100万円以下	200円	
10万円超 50万円以下	100万円超200万円以下	400円	200円(50%減)
50万円超100万円以下	200万円超300万円以下	1,000円	500円(50%減)
100万円超500万円以下	300万円超500万円以下	2,000円	1,000円(50%減)
500万円超 1,000万円以下		1万円	5,000円(50%減)
1,000万円超 5,000万円以下		2万円	1万円(50%減)
5,000万円超 1億円以下		6万円	3万円(50%減)
1億円超 5億円以下		10万円	6万円(40%減)
5億円超 10億円以下		20万円	16万円(20%減)
10億円超 50億円以下		40万円	32万円(20%減)
50億円超		60万円	48万円(20%減)
金額の記載のないもの		200円	

契約書記載金額	借地権の設定や譲渡に関する契約書、住宅ローン等の金銭消費貸借契約
1万円未満	非課税
1万円以上 10万円以下	200円
10万円超 50万円以下	400円
50万円超 100万円以下	1千円
100万円超 500万円以下	2千円
500万円超 1,000万円以下	1万円
1,000万円超 5,000万円以下	2万円
5,000万円超 1億円以下	6万円
1億円超 5億円以下	10万円
5億円超 10億円以下	20万円
10億円超 50億円以下	40万円
50億円超	60万円
金額の記載のないもの	200円

第９章

納税環境整備

Ｇビズ ID との連携による e-Tax の利便性向上や e-Tax による処分通知等の推進など、税務における DX の推進のための納税環境整備が令和６年度税制改正においても措置されています。また、仮装・隠ぺいによる更正の請求書提出に対する重加算税や不正申告を行った法人の代表者等に対する第二次納税義務の整備などが行われています。

1 GビズIDとの連携によるe-Taxの利便性向上

POINT!

■法人のe-Taxによる申告等をGビズIDの入力のみで可能に

解説

法人がe-Taxにより申告等を行う場合には、e-TaxのIDとパスワードを入力し、「電子署名・電子証明書」を付して送信しなければなりません。

改正によって、所要の法令改正を前提に、法人がGビズID（一定の認証レベルを有するものに限る）を用いて、e-Taxにログインをする場合には、e-TaxのIDとパスワードの入力および「電子署名・電子証明書」の送信を要しないこととされます。

	ログイン方法	e-TaxのID・パスワード	電子署名・電子証明書
法人ユーザー	原則	要	要
	GビズID	要⇒不要	要⇒不要

GビズIDを用いて法人がe-Taxで行う申請等のイメージ

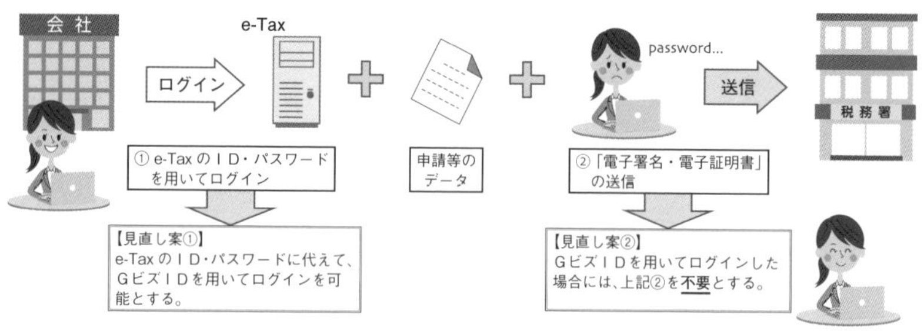

（注）国税庁のサーバ署名により、申請等における改ざん防止措置を運用上講ずる。

（出典：自民党税制調査会資料）

2 処分通知等の電子交付の拡充

POINT!

■全ての処分通知等をe-Taxで可能に

■e-Taxで処分通知等を受ける旨の同意について、あらかじめメールアドレスを登録して行う方式に

(1)全ての処分通知等をe-Taxで可能に

現行では、税務当局から納税者に対して電子交付できる処分通知等は次の9手続きに限定されています。改正によって、全ての処分通知等の電子交付をできることとされます。

①所得税の予定納税額通知書
②加算税の賦課決定通知書
③クラウドの認定等に係る通知
④国税還付金振込通知書
⑤消費税適格請求書発行事業者の登録に係る通知
⑥更正の請求に係る減額更正等の通知
⑦住宅ローン控除証明書
⑧納税証明書
⑨電子申請等証明書

(2)事前同意をe-Taxで行う方式に

e-Taxで処分通知等を受ける旨の同意を行う場合のメールアドレスの登録を必須とした上で、電子交付の対象となる処分通知等について、事前の同意を行う方式を個々の処分通知ごとの同意からe-Tax上で一括して行う方式に変更されます。

なお、電子交付に適さない処分通知等は、運用上、電子交付されません。

処分通知等の電子交付（イメージ）

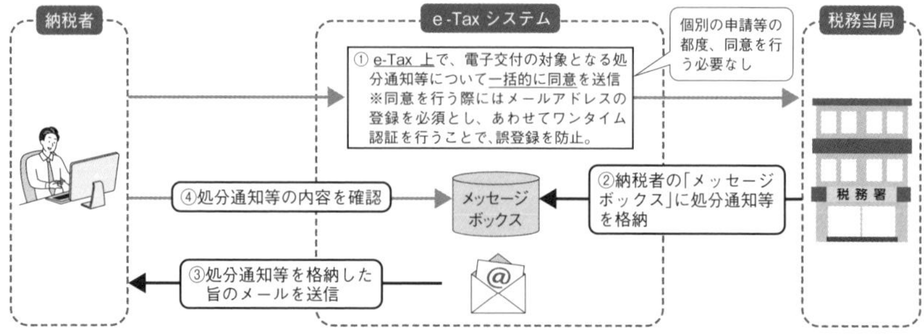

（出典：自民党税制調査会資料）

(3)適用関係

この改正は令和8年9月24日から施行されます。

3 隠ぺいし、または仮装された事実に基づき更正請求書を提出していた場合の重加算税制度の整備

POINT!

■隠ぺいし、または仮装された事実に基づき更正の請求書を提出していた場合を重加算税の対象に追加

■令和７年１月１日以後に申告期限が到来する国税から適用

国通法68

(1)現行制度の問題点

仮装・隠ぺいしたところに基づき納税申告書を提出していたとき等は、過少申告加算税（または無申告加算税）に代えて35％（または40％）の重加算税を付加されます。しかし、申告した後に仮装・隠ぺいしたところに基づいて「更正請求書」を提出した場合には、重加算税が課される制度となっていません。

(2)改正の内容

現行制度では、納税義務違反の発生の防止という重加算税の趣旨に照らして適切ではありませんので、更正の請求に係る仮装・隠ぺいについても重加算税の賦課が必要です。そこで、改正により、仮装・隠ぺいしたところに基づいて更正の請求書を提出した場合も重加算税の賦課対象に追加されます。

(3)適用関係

令和７年１月１日以後に法定申告期限が到来する国税から適用されます。

改正のイメージ

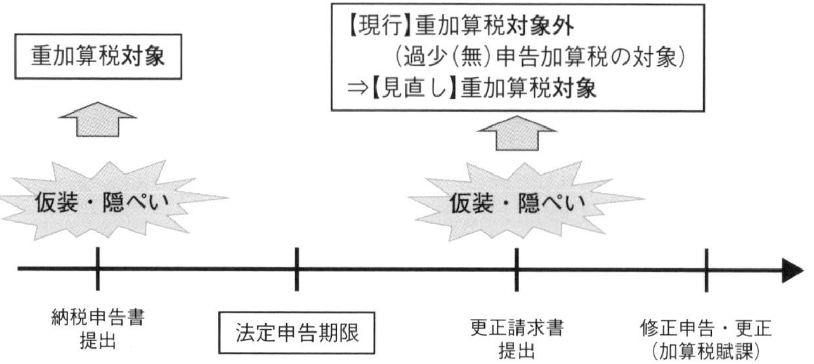

（出典：自民党税制調査会資料）

4 偽りその他不正の行為により国税等を免れた株式会社等の役員等の第二次納税義務の整備

POINT!

■法人が財産を散逸させた上で廃業するなどにより納税義務を免れようとする事案が散見

■法人の代表者等が散逸させた財産等の移転を受けている場合に代表者等に追及できるように措置

法法39、国徴法40、国徴令14の2、国徴令附1

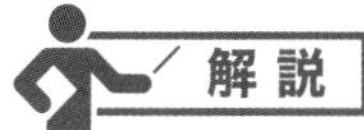

解説

(1)現行制度

法人が財産を散逸させた上で廃業するなどにより納税義務を免れようとする事案が散見されています。調査や滞納処分を行う段階では、既にその法人の財産が残存していない場合が多く、滞納国税等の徴収が困難となっている実情があり、このような事案への対応が課題となっています。

仮に、簿外財産や不正還付金といった不正行為による財産を創出して、法人の代表者等が散逸させた財産等の移転を受けている場合でも代表者等に追及することができません。

(2)改正の内容

①対象

偽りその他不正の行為により国税等を免れ、または国税等の還付を受けた株式会社、合資会社または合同会社がその国税等（附帯税を含む）を納付していない場合において、徴収不足であると認められるときを対象とします。

②第二次納税義務を役員に課す

その偽りその他の不正行為をしたその株式会社の役員またはその合資会社もしくは合同会社の業務を執行する有限責任社員（その役

員等を判定の基礎となる株主等として選定した場合にはその株式会社、合資会社または合同会社が被支配会社※に該当する場合におけるその役員等に限る）は、その滞納に係る国税等の第二次納税義務を負うこととなります。

※被支配会社とは、1株主グループの所有株式数が会社の発行済み株式の50%を超える場合等におけるその会社をいいます。

③限度額

その偽りその他不正の行為により免れ、もしくは還付を受けた国税等の額またはその株式会社、合資会社もしくは合同会社の財産のうち、その役員等が移転を受けたものおよびその役員等が移転をしたもの（通常の取引の条件に従って行われたと認められる一定の取引として移転したものを除く）の価額のいずれか低い額を限度とします。

(3)適用関係

令和7年1月1日以後に滞納となった一定の国税等について適用されます。

5 保全差押え等を解除しなければならない期限の整備

POINT!

■保全差押えの解除までの期限を１年以内に延長

国徴法159

解 説

(1)現行制度

一定の査察調査や逮捕が行われた場合等の不正申告の疑い等により緊急に対応する必要がある場合において、国税の税額確定手続（申告・更正等）が行われた後では徴収を確保することができないと認められるときは、国税の税額確定前に、一定の保全差押金額を決定し、直ちに財産の保全のための差押えを行うことができます。ただし、その保全差押金額の通知を行った日から6月を経過した日までに、その差押え等に係る国税につき納付すべき額の確定がないときは保全差押えの解除をしなければなりません。

(2)保全差押えの解除までの期限を１年以内に延長

事案の複雑化に伴って、査察調査が長期化しており、調査の終了前に保全差押えが解除され、徴収手続に支障が生じることから、現状、この保全差押えはほとんど活用されていません。

そこで、納税義務があると認められる者が不正に国税を免れたことの嫌疑等に基づき一定の処分を受けた場合における税務署長が決定する金額（以下「保全差押金額」という）を限度とした差押え（以下「保全差押え」という）またはその保全差押金額について提供されている担保に係る国税について、その納付すべき額の確定がない場合におけるその保全差押えまたは担保を解除しなければならない期限を、その保全差押金額をその者に通知した日から1年（現行：6月）を経過した日までとされます。

(3)適用関係

令和7年1月1日以後にされる保全差押金額の決定について適用されます。

保全差押手続のイメージ

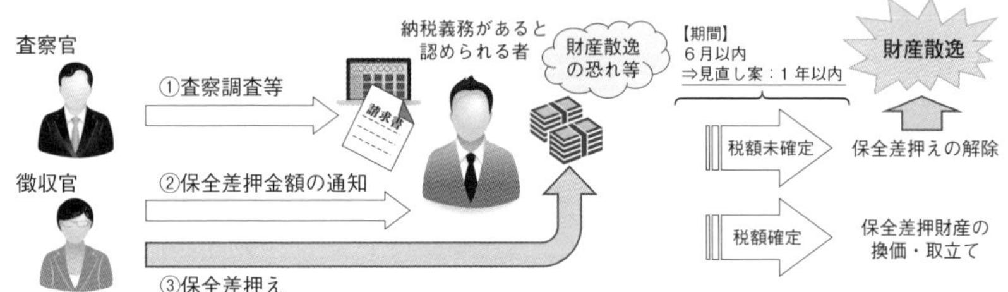

(出典：自民党税制調査会資料)

6 地方公金に係るeLTAX経由での納付

POINT!

■国民健康保険料や道路占用料などの地方税以外の地方公金の納付をeLTAX経由で納付可能に

解説

(1)地方税以外の地方公金の納付をeLTAX経由で納付可能に

eLTAXを通じた電子納付の対象に地方税以外の地方公金が追加されることとなり、地方自治法の改正にあわせて、地方税共同機構の業務に公金収納事務を追加する措置が講じられます。

(2)適用関係

地方自治法の一部を改正する法律の施行の日から適用されます。

eLTAXを通じた電子納付（イメージ）

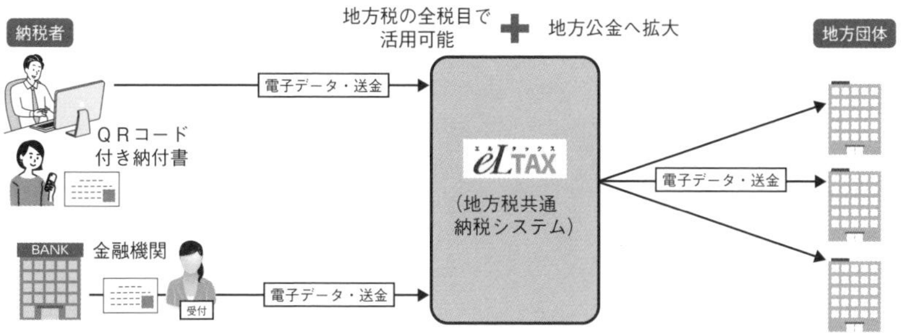

（出典：自民党税制調査会資料）

7 税務代理権限証書等の様式の整備

POINT!

■国税庁が令和８年度から新たな基幹システムの導入を予定

■納税者から収受した申告書、申請書等をスキャナでデータ化等をして端末上で事務処理が可能に

■様式にQRコードを追加することなどが可能に

税理士法施行規則28

(1)見直しの背景

国税庁においては、令和8年度から新たな基幹システムの導入を予定しています。納税者から書面で収受した申告書、申請書、届出書等については、原則としてスキャナを使用してデータ化・イメージ化等を行い、システムから紙出力せずに、端末上で事務処理を行うことができるようにすることとしています。

そのため、次世代システム導入に伴ってスキャナの読取精度の向上を図る観点から、申告書、申請書、届出書等の各種様式について所要の整備が行われます。

(2)様式にQRコードを追加することなどが可能に

次ページの様式について、

①国税庁長官の権限で必要に応じて所要の事項の付記・削除をすることができる旨の規定の追加

②国税庁長官の権限で必要に応じて用紙の大きさを変更することができる旨の規定の創設

③不要な欄の削除をすること

ができることとされます。これにより、様式にQRコードを追加することなどが可能になります。

対象となる申告書・申請書・届出書等

≪所得税関係≫

・非課税貯蓄申告書等
・源泉所得税の徴収高計算書
・支払調書等
・財産形成非課税住宅（年金）貯蓄申告書等

≪資産税関係≫

・障害者非課税信託申告書等
・調書

≪酒税関係≫

・酒類業組合（連合会、中央会）名称例外承認申請書等

≪税理士関係≫

・税務代理権限証書
・申告書の作成に関する計算事項等記載書面
・申告書に関する審査事項等記載書面

(3)適用関係

この改正は、令和8年9月1日から施行されます。

8 個人番号を利用した税理士の登録事務等の利便性向上

POINT!

■税理士名簿への登録事項に個人番号を追加

■登録時の添付書面の省略・オンライン提出等

税理士法施行規則8、11、27

(1)見直しの背景

税理士を含む社会保障等に係る国家資格等については、マイナンバー(個人番号)を利用した手続きのデジタル化を進め、住民基本台帳ネットワーク等との連携等により資格取得・更新等の手続き時の添付書類の省略等を目指すこととされています。その実現のため、番号法の改正や資格管理者等が共同利用できる資格情報連携等に関するシステム整備等が実施され、税理士登録事務や税理士試験事務においても、令和6年度中に個人番号を利用した資格管理が行われます。

(2)税理士の登録事務および試験事務の利便性向上措置

税理士の登録事務および税理士の試験事務の利便性向上のため次の措置が講じられます。

①税理士の登録事務に関する措置

イ　税理士名簿への登録事項に個人番号を追加

ロ　情報連携による登録時の添付書類(住民票の写しおよび戸籍抄本)の省略・添付書類のオンライン提出手続きの整備

ハ　本籍の登録事項について、都道府県名以外の記載の不要化

②税理士の試験事務に関する措置(令和7年度の税理士試験等から適用)

イ　受験願書等の申請様式に個人番号記載欄を設ける

ロ　オンライン申請に対応したペイジーによるオンライン受験料納付手続き等の整備

9 長期間にわたり供託された換価代金等の配当がされない事態への対応

POINT!

■滞納処分による差押えの際の債権者に対する配当の阻害要因への措置が講じられる

国徴法133

解説

(1)見直しの背景

滞納処分による差押えが行われた場合、その差押え財産から配当を受けるべき債権者に直ちに配当を行えないときは、配当の額に相当する金銭を供託する必要があります。税務当局がこの供託金について配当を行う際、「供託に係る債権者」が必要な手続きを行わない場合には長期間にわたって「他の債権者」に配当を行うことができない事態が生ずることが課題となっています。

(2)見直しの内容

必要な手続きを行わない「供託に係る債権者」を除外して配当手続を進めることを可能とするため、民事執行法の改正により整備された「長期間にわたり供託金の配当がされない事態に対応するための措置」と同様に、次の見直しが行われるほか、所要の措置が講じられます。

①「供託に係る債権者」は、その供託事由が消滅したときは、直ちに、その旨を税務当局に届けなければならないこととする。

②税務当局は、供託後、上記①の届出がされることなく2年を経過したときは、その「供託に係る債権者」に対し、届出をすべき旨を催告しなければならないこととする。

③上記②の催告を受けた日から14日以内に届出をしないときは、その「供託に係る債権者」を除外して配当を実施できることとする。

現行制度と見直しのイメージ

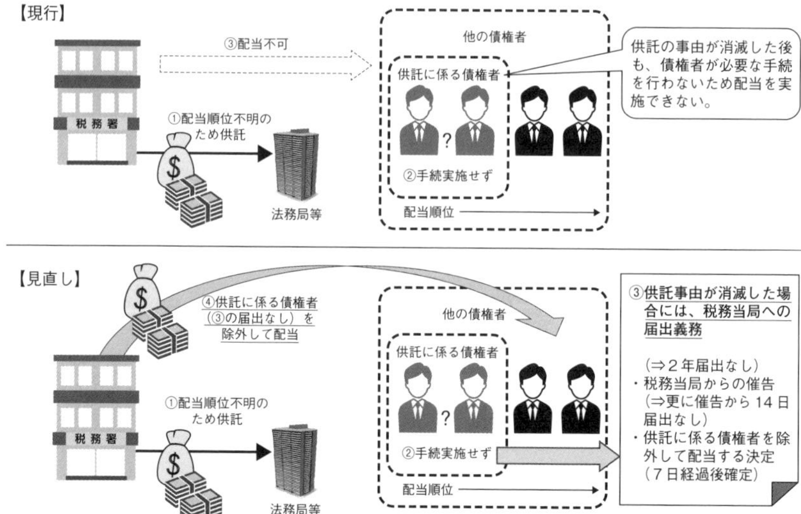

（出典：自民党税制調査会資料）

(3)適用関係

この改正は、令和５年に行われた民事執行法における同様の配当手続の見直しの適用時期を踏まえて実施されます。

10 法定調書のe-Tax等による提出義務基準の引下げ

POINT!

■法定調書のe-Tax等による提出義務基準を30枚以上に引下げ

所法228の4、相法59、措法42の2の2、国外送4

解説

(1)現行制度

法定調書の種類ごとに、前々年の提出枚数が100枚以上である法定調書は、e-Taxもしくはクラウド等または光ディスク等により提出しなければならないこととされています。

(2)見直しの内容

法定調書のe-Taxを使用する方法等による提出義務制度について、提出義務の対象となるかどうかの判定基準となるその年の前々年に提出すべきであった法定調書の枚数が現行の100枚以上から30枚以上に引き下げられます。

(3)適用関係

令和9年1月1日以後に提出すべき法定調書について適用されます。

■参考資料

「令和６年度税制改正大綱」（自由民主党・公明党）
「令和６年度税制改正の大綱」（財務省）
「自民党税制調査会資料」（自由民主党）
「令和６年度内閣府税制改正要望」（内閣府）
「令和６年度税制改正要望結果」（内閣府）
「第７回　地方法人課税に関する検討会資料」（内閣府）
「民間が支える社会を目指して〜「民による公益」を担う公益法人〜」（内閣府）
「令和６年度地方税制改正（案）について」（総務省）
「令和６年度税制改正に関する経済産業省要望（概要）」（経済産業省）
「令和６年度（2024年度）経済産業関係 税制改正について」（経済産業省）
「令和６年度 税制改正の概要（厚生労働省関係）」（厚生労働省）
「令和６年度国土交通省税制改正概要」（国土交通省）
「令和６年度 文部科学関係税制改正要望事項の結果（概要）」（文部科学省）
「令和６（2024）年度税制改正について」（金融庁）
「令和６年度税制改正の大綱について（インボイス関連）」（国税庁）
「消費税経理通達関係Ｑ＆Ａ（令和５年12月改訂）」（国税庁）
「公益法人等に対して財産を寄附した場合における譲渡所得等の非課税の特例のあらまし」（国税庁）
「国、地方公共団体や公共・公益法人等と消費税」（国税庁）
「中小企業倒産防止共済制度の不適切な利用への対応について（令和6年1月）」（中小企業庁）
「地方税法等の一部を改正する法律」（令和６年３月30日公布）
「所得税法等の一部を改正する法律」（令和６年３月30日公布）
「地方税法施行令の一部を改正する政令」（令和６年３月30日公布）
「所得税法施行令の一部を改正する政令」（令和６年３月30日公布）
「法人税法施行令等の一部を改正する政令」（令和６年３月30日公布）
「相続税法施行令の一部を改正する政令」（令和６年３月30日公布）
「消費税法施行令等の一部を改正する政令」（令和６年３月30日公布）
「国税徴収法施行令の一部を改正する政令」（令和６年３月30日公布）
「租税特別措置法施行令等の一部を改正する政令」（令和６年３月30日公布）
「新型コロナウイルス感染症等の影響に対応するための国税関係法律の臨時特例に関する法律施行令の一部を改正する政令」（令和６年３月30日公布）
「地方税法施行規則等の一部を改正する省令」（令和６年３月30日公布）
「所得税法施行規則の一部を改正する省令」（令和６年３月30日公布）
「法人税法施行規則等の一部を改正する省令」（令和６年３月30日公布）
「相続税法施行規則の一部を改正する省令」（令和６年３月30日公布）
「消費税法施行規則の一部を改正する省令」（令和６年３月30日公布）
「租税特別措置法施行規則の一部を改正する省令」（令和６年３月30日公布）
「税理士法施行規則の一部を改正する省令」（令和６年３月30日公布）

■著者略歴

今仲　清（いまなか　きよし）　〈執筆担当：第8章、第9章〉

大阪市出身。1984年税理士事務所開業。現在、株式会社経営サポートシステムズ代表取締役。税理士法人今仲清事務所代表社員。TKC全国会資産対策研究会代表幹事、TKC全国会中央研修所特別委員、TKC全国政経研究会政策審議副委員長、TKC全国会特例事業承継税制対応プロジェクトサブリーダー。
不動産有効活用・相続対策の実践活動を指揮しつつ、セミナー講師として年間100回にものぼる講演を行う。
著書に、『「相続税申告業務チェックリスト」を活用した実務ガイド』（TKC出版）、『相続税の申告と書面添付』『中小企業の事業承継戦略』（いずれも共著、TKC出版）、『Q&A特例事業承継税制徹底活用マニュアル』『個人版事業承継税制・小規模宅地特例の活用マニュアル』（ぎょうせい）、『一問一答 新しい都市農地制度と税務』『資産家タイプ別 相続税節税マニュアル』『財産承継・遺言書作成マニュアル』（いずれも共著、ぎょうせい）、『必ず見つかる相続・相続税対策 不動産オーナーのための羅針盤』（共著、大蔵財務協会）、『否認を受けない税務申告のポイント』『図解 都市農地の新制度活用と相続対策』（いずれも共著、清文社）、『Q&A病院・診療所の相続・承継をめぐる法務と税務』（共著、新日本法規出版）など。

事務所　税理士法人　今仲清事務所
株式会社　経営サポートシステムズ
〒591-8025 大阪府堺市北区長曽根町3077-3 Feliseed中百舌鳥
TEL 072-257-6050　FAX 072-257-2575
メールアドレス　imanaka1@tkcnf.or.jp
ホームページ　https://www.imanaka-kaikei.co.jp/

坪多 晶子（つぼた　あきこ）　〈執筆担当：第4章、第7章〉

京都市出身。大阪府立茨木高校卒業。神戸商科大学卒業。1990年坪多税理士事務所設立。1990年有限会社トータルマネジメントブレーン設立、代表取締役に就任。2012年税理士法人トータルマネジメントブレーン設立、代表社員に就任。上場会社の非常勤監査役やNPO法人の理事および監事等を歴任。現在TKC全国会中央研修所副所長兼租税法研修小委員長、TKC全国会資産対策研究会副代表幹事。上場会社や中小企業の資本政策、資産家や企業オーナーの資産承継や事業承継、さらに税務や相続対策などのコンサルティングには、顧客の満足度が高いと定評がある。また、全国で講演活動を行っており、各種税務に関する書籍も多数執筆。
著書に、『もめない相続 困らない相続税－事例で学ぶ幸せへのパスポート－』『資産家のための かしこい遺言書－幸せを呼ぶ20の法則－』『これで解決！困った老朽貸家・貸地問題』『資産家のための 民法大改正 徹底活用－相続法・債権法＆税金－』『なるほど！そうなのか！図解でわかる 不動産オーナーの相続対策』（いずれも共著、清文社）、『成功する事業承継Q&A150 ～遺言書・遺留分の民法改正から自社株対策、法人・個人の納税猶予まで徹底解説～』（清文社）、『改正相続法完全対応 弁護士×税理士と学ぶ“争族”にならないための法務＆税務』（共著、ぎょうせい）、『賢い生前贈与と税務Q&A』（ぎょうせい）、『Q&A115 新時代の生前贈与と税務』（ぎょうせい）、『相続税を考慮した遺言書作成マニュアル 弁護士×税理士がアドバイス！』（共著、日本法令）、『事例でわかる 生前贈与の税務と法務』（共著、日本加除出版）他多数。

主宰会社　税理士法人　トータルマネジメントブレーン
有限会社　トータルマネジメントブレーン
〒530-0045 大阪市北区天神西町5-17 アクティ南森町6階
TEL 06-6361-8301　FAX 06-6361-8302
メールアドレス　tmb@tkcnf.or.jp
ホームページ　https://www.tsubota-tmb.co.jp

畑中 孝介（はたなか　たかゆき）　〈執筆担当：第1章、第2章、第3章〉

北海道長万部町出身。1996年武藤会計事務所（現税理士法人無十）入所。2015年ビジネス・ブレイン税理士事務所設立、所長。株式会社ビジネス・ブレイン代表取締役。TKC全国会中央研修所・租税法研修小委員会委員、企業グループ税務システム委員、中堅・大企業支援研究会幹事。
事業承継・ベンチャー企業支援や、大手企業の連結納税業務や組織再編アドバイザー業務を行っている。大手企業や上場子会社、中堅企業・ベンチャー企業やファンドまで幅広い企業の財務会計顧問業務に従事。事業承継・連結納税・組織再編税務・戦略的税務等のセミナー講師や新聞雑誌等への執筆多数。
著書に『税務に強い会社は成長する!!』（共著、大蔵財務協会）、『企業グループの税務戦略』（TKC出版）、『消費税「95%ルール改正」の実務対応』『税務のプロが教える「消費増税」への実務対応』『デジタル時代を見据えた消費税インボイス制度の実務対応』（いずれも共著、TKC出版）、『CFOのためのサブスクリプション・ビジネスの実務』（共著、中央経済社）など。

事務所　ビジネス・ブレイン税理士事務所（畑中孝介税理士事務所）
株式会社　BBHD
株式会社　ビジネス・ブレイン
株式会社　BBインキュベート
〒105-0012 東京都港区芝大門2-4-6 豊国ビル8階
TEL 03-6435-6618　FAX 03-6435-6627
メールアドレス　cools@tkcnf.or.jp
ホームページ　https://business-brain.com

島村　仁（しまむら　ひとし）　〈執筆担当：第5章、第6章〉

埼玉県出身。2002年島村税務会計事務所開設。2013年税理士法人むさしセントラル設立、代表社員就任。TKC全国会資産対策研究会幹事・相続セミナー委員会委員長、TKC全国会中央研修所・租税法研修小委員会委員。
資産家や企業オーナーの資産承継や事業承継支援、個人資産・法人資産のタックスプランニング、節税から納税資金確保までトータルにコンサルティングを行っている。

事務所　税理士法人　むさしセントラル
（池袋事務所）
〒171-0022 東京都豊島区南池袋1-1-11 カドラービル201号
TEL 03-5927-8125　FAX 03-5927-8126
（さいたま事務所）
〒330-0844 埼玉県さいたま市大宮区下町1-42-2 TS-5 BLDG.2階
TEL 048-788-3651　FAX 048-788-3652
メールアドレス　tousonjin@tkcnf.or.jp
ホームページ　https://www.musashi-central.jp

令和6年度 すぐわかる よくわかる 税制改正のポイント

2024年5月27日　第1版第1刷　　定価2,970円（本体2,700円＋税10%）

著　者　今仲　清
　　　　坪多晶子
　　　　畑中孝介
　　　　島村　仁

発行所　株式会社ＴＫＣ出版
〒162-0825 東京都新宿区神楽坂2-17
中央ビル2階　TEL03(3268)0561

装　丁　株式会社グローバルブランディングマネジメント

ＤＴＰ　株式会社キャデック

ISBN 978-4-905467-68-7　C2032